MINSU TIYU WENHUA DE
JIAZHI HUDONG YU KECHIXU FAZHAN

民俗体育文化的价值互动与可持续发展

马妮 ◎著

中国书籍出版社
China Book Press

图书在版编目（CIP）数据

民俗体育文化的价值互动与可持续发展 / 马妮著
. —— 北京：中国书籍出版社, 2024.4
　　ISBN 978-7-5068-9859-1

　　Ⅰ.①民… Ⅱ.①马… Ⅲ.①民族形式体育-体育文化-研究-中国 Ⅳ.①G852.9

中国国家版本馆CIP数据核字(2024)第092704号

民俗体育文化的价值互动与可持续发展

马 妮 著

图书策划	尹　浩　李若冰
责任编辑	李　新
责任印制	孙马飞　马　芝
出版发行	中国书籍出版社
地　　址	北京市丰台区三路居路 97 号（邮编：100073）
电　　话	（010）52257143（总编室）　（010）52257140（发行部）
电子邮箱	eo@chinabp.com.cn
经　　销	全国新华书店
印　　刷	廊坊市博林印务有限公司
开　　本	710 毫米 ×1000 毫米 1/16
字　　数	205 千字
印　　张	16
版　　次	2024 年 8 月第 1 版
印　　次	2024 年 8 月第 1 次印刷
书　　号	ISBN 978-7-5068-9859-1
定　　价	75.00 元

版权所有　翻印必究

前　言

民俗体育文化是一个国家或地区深厚的历史积淀与人民生活的有机融合，它承载着丰富的文化内涵和传统价值观。随着社会的不断发展和变迁，民俗体育文化也在不断演进，成为连接过去、现在和未来的纽带。探讨民俗体育文化的价值互动与可持续发展，不仅关乎文化的传承，更涉及社会的凝聚力、经济的繁荣和人们身心健康的全面提升。

本书以"民俗体育文化的价值互动与可持续发展"为选题，首先论述民俗体育及其发展趋势、民俗体育文化的生成机制、民俗体育文化的变迁规律；其次围绕民俗体育文化项目及传承发展、民俗体育的文化意蕴与资源开发、乡村旅游与民俗体育文化的互动发展、全民健身与民俗体育文化的互动发展展开论述；最后对民俗体育文化的数字化保护与可持续发展进行全面分析。

本书注重章节之间的逻辑性和连贯性，确保了整体内容的完整性和系统性。每一章节在深入剖析民俗体育文化的同时，都与前后章节形成有机衔接，使读者能够逐步建构起对民俗体育文化的全面认知。这种逻辑性的设计有助于读者更系统地学习和理解民俗体育文化的复杂网络。本书所涵盖的内容具备全面性，为读者提供了全方位的视角。通过涵盖多个方面的民俗体育文化，读者能够更全面地了解其在社会中的多重价值和作用。这有助于拓展读者的视野，使其能够更全面地思考民俗体育文化在可持续发展中的地位和潜力。

作者在本书的写作过程中，得到了许多专家、学者的帮助和指导，在此表示诚挚的谢意。由于作者水平有限，加之时间仓促，书中难免有疏漏之处，希望各位读者多提宝贵意见，以便进一步修改，使之更加完善。

目 录

第一章 民俗体育文化概论 1
 第一节 民俗体育及其发展趋势 1
 第二节 民俗体育文化的生成机制 9
 第三节 民俗体育文化的变迁规律 15

第二章 民俗体育文化项目及传承发展 27
 第一节 龙舟运动及其传承发展 27
 第二节 舞龙舞狮运动及其文化传承发展 57
 第三节 中华传统武术文化及其传承发展 64

第三章 民俗体育的文化意蕴与资源开发 116
 第一节 民俗体育的文化特征与功能 116
 第二节 民俗体育的社会文化价值 124
 第三节 民俗体育课程资源的开发 129

第四章 乡村旅游与民俗体育文化的互动发展 142
 第一节 乡村旅游及其市场规划 142
 第二节 乡村旅游与民俗体育文化互动的方式与作用 169
 第三节 乡村旅游与民俗体育文化互动的路径探索 174

第五章　全民健身与民俗体育文化的互动发展·················183
第一节　全民健身及其促进作用·················183
第二节　全民健身与民俗体育文化的内在关联与作用·················228
第三节　全民健身与民俗体育文化的互动策略·················232

第六章　民俗体育文化的数字化保护与可持续发展·················235
第一节　民俗体育文化遗产的数字化保护——以赣南客家为例·········235
第二节　民俗体育文化可持续发展的原则与路径·················241

结束语·················245

参考文献·················246

第一章　民俗体育文化概论

民俗体育文化是指由一定民众所创造，为一定民众所传承和享用，并融入和依附于民众日常生活的风俗习惯（如节日、礼仪等）之中的一种集体性、模式性、传统性、生活化的体育活动。民俗体育文化既是一种体育文化，也是一种生活文化，它凝聚了中华传统文化的精髓，具有鲜明的地域性、时代性与民族活力。本章探讨民俗体育及其发展趋势、民俗体育文化的生成机制、民俗体育文化的变迁规律。

第一节　民俗体育及其发展趋势

一、民俗体育的内涵与价值

（一）民俗体育的内涵解读

民俗体育是指根植于特定文化传统、具有深厚历史底蕴的体育活动。它不仅仅是一项运动，更是一种文化的传承和表达。民俗体育的内涵可以从以下方面进行解读。

第一，民俗体育是一种传统的体育形式，通过代代相传的方式，将文化价值、信仰和传统习俗融入体育活动中。这使得民俗体育成为一种具有深刻文化内涵的活动，体现了社群的认同和凝聚力。

第二，民俗体育常常以集体参与和社区为基础，通过团体比赛、庆祝活动等形式，促进社会成员之间的互动和沟通。这有助于强化社会凝聚力，促进了社区的和谐发展。

第三，民俗体育往往融合了多种身体技能和动作，培养了参与者的身体素质。这些活动不仅仅是简单的运动，更是通过传统方式培养身体协调性、耐力和力量等方面的活动。

第四，民俗体育展现了不同地域、民族、社群之间的文化差异。各地独特的传统体育活动反映了当地人们的生活方式、信仰和价值观，从而丰富了整个文化体系。

第五，民俗体育常常与传统节庆、仪式活动等紧密相连。它们不仅是一种体育竞技，更是一种娱乐和庆祝的方式，为社群成员带来了欢乐和愉悦。

总之，民俗体育在体现传统文化的同时，也为社会提供了一种特有的运动方式，丰富了人们的生活，促进了社会的交流与发展。

（二）民俗体育的价值意蕴

1. 传承价值

我国几千年的民俗体育传承价值主要体现在文化和活动两方面。在历史的长河中，民俗体育作为一种传统文化形式，承载着民族精神的延续与传承。

通过历史传承和现代传承，不仅丰富了民俗体育的文化内涵，还突出了其独特的特色，保持了地域性和民族性的特征。民俗体育不仅是一种运动方式，更是一种民族精神的象征，是独特的精神财富，为维护我国传统文化在全球化中的独特性发挥着重要作用。

北方草原文化与游牧生活息息相关，其民俗体育项目如骑马、骑射等不仅是一项体育运动，更是对于草原民族精神的生动诠释。这些项目融入了游牧生活的情感和智慧，传承至今，成为北方地区不可或缺的文化符号。同时，北方草原地区特色饮食和服饰的传承也是民俗体育文化的重要组成部分，通过这些方面的传承，人们更加深刻地感受到了草原文化的独特魅力。

在水利资源丰富的地区，民俗体育也展现出了独特的风采。北方游牧民族利用丰富的水资源，形成了独具特色的捕鱼文化。捕鱼不仅是一种生存技能，更是民族传统的延续与传承，融入了对自然的敬畏与感悟。这种文化传统不仅丰富了民俗体育的内涵，也为当地民众提供了一种独特的生活方式。

民俗体育作为传承和创新并存的体系，既继承了历史文化的精髓，又不断融入现代社会的发展。它不仅是地域文化的重要组成部分，更是民族文化持久性和独特性的维护者。在全球化的浪潮中，民俗体育的传承与发展显得尤为重要，它不仅是中华民族传统文化的重要组成部分，也是中国精神的生动体现。

2. 教育价值

民俗被视为人们心灵的"精神家园"，承载着丰富的文化内涵与情感纽带。在这些传统文化形式之中，民俗体育教育的重要性凸显无遗。其教育价值不仅在于培养民族精神，更在于弘扬信仰、道德、规范和爱国情感。这种体育形式融汇了身体活动与文化信仰，既是身心锻炼的方式，也是文化传承的载体。民俗体育仪式被视为集体记忆的容器，承载着本地区、本民族的意象和记忆，因此具有深厚的文化传承意义。通过这些仪式，人们不仅传承了历史，更强化了对信仰的认同，促进了社会的稳定与和谐。

随着社会的发展，民俗体育已经常态化地融入社区、学校、广场和村落中。传统的民俗体育不仅在模式上延续，更注入了创新的元素，以适应现代社会的需求。在不同地域，各具特色的风俗和民俗体育呈现出明显的民族特征，具备了一定的稳定性和区域性。这种文化形式既是民族精神的具体体现，也是一种凝聚力和感召力的象征。

在文化现代化和全球化的进程中，中国的民俗体育文化传统凸显出其内在的价值与魅力。这一传统文化不仅连接着过去与现在，更为中华民族的生存和发展提供了重要的精神支撑。它不仅是团结奋进的核心，也是共同发展的灵魂。因此，每一个中华子孙都有责任传承和发扬民俗体育文化，弘扬传统文化的精髓。通过这种方式，我们可以更好地维系民族文化的连续性与活力，让传统与现代相融合，共同构建一个更加繁荣和谐的社会。

二、民俗体育的发展趋势

（一）与现代体育的融合发展趋势

民俗体育是一种根植于民间传统和文化生活之中的体育活动，它与生产劳动、社会实践密切相关，呈现出明显的时序性特征，以满足不同历史时期人们的需求。然而，随着全球一体化进程的加速，现代体育逐渐成为一种全球性现象，对民俗体育和人们的体育兴趣产生着深远影响。特别是在西方，现代体育的强势发展使其与传统的民俗体育之间产生了一定程度的冲突，同时也催生了它们融合的机遇。这种冲突主要体现在竞争性和功利性方面。相较于民俗体育的自发组织和无明显功利目的，现代竞技体育更加强调竞争性和功利性，其结果具有直接、迅速的特点，并且往往呈现出一种排他性，即只有少数优胜者能够脱颖而出。正是这种强势的竞争性和功利性特征，使得现代体育更具吸引力，进而挑战着民俗体育的传统地位。事实上，民俗体育与现代体育也存在着一些可以互相融合的属性。例如，健身性和娱乐性是民俗体育和现代体育都具备的属性，因此在这些方面它们可以相互借鉴、融合。在现代社会，人们对健康和娱乐的需求日益增长，这为民俗体育与现代体育的融合提供了广阔的空间。

在当今社会，民俗体育与现代体育融合发展所带来的机遇是显而易见的。首先，它们共同追求的目标是促进身心健康和完整人格。通过将民俗体育与现代体育相结合，可以建立健康的体育生活方式，并树立健身的价值观念，使人们更加注重自己的身体健康。其次，这种融合也使健身与娱乐共存成为一种意识形态，让人们在锻炼身体的同时享受乐趣。根本原因在于，体育已经成为生活时尚的重要指标，而人们越来越重视休闲娱乐与强身健体。在这种大环境下，民俗体育的特点尤为突出。它拥有深厚的群众基础，是民间交流的重要语言，通过参与民俗体育活动，人们可以表达共同的理想、信念和审美观。更重要的是，健身性是民俗体育存在和发展的基础与动因，从根本上满足了人们对健康生活的追求。对于参与者来说，民俗体育的娱乐性带来心理上的满足感，让人们在锻炼身体的同时享受乐趣。而对于观赏者而言，他们可以获得轻松、自由和美感，满足了他们对健康和休闲娱乐的需求。

民俗体育与现代体育的融合发展是必然的。一方面，民俗体育的娱乐性与健身性与现代体育的内涵是一致的，二者可以相辅相成，共同促进体育事业的发展。另一方面，随着时代的发展，民俗体育的发展已成为必然的选择，它不仅能够满足人们日益增长的健康需求，也能够传承和弘扬传统文化，为社会的进步和发展做出积极贡献。因此，民俗体育与现代体育的融合发展是大势所趋，将会为社会的发展带来积极的影响。

（二）民俗体育文化的现代化发展趋势

中国在 21 世纪的奋斗目标之一是建设社会主义文化强国。然而，改革开放以来，尽管中国的经济和科技蓬勃发展，但文化软实力的发展却滞后于硬实力。在国家崛起的过程中，硬实力被视为至关重要的因素，竞争往往基于科技和经济的综合国力。随着经济的强大，中国与全球经济的联系日益紧密，但文化软实力的滞后问题却日益显现。

文化软实力是国家综合国力的重要组成部分，它不仅能够提供精神动力和凝聚力，还能在国际舞台上彰显国家的形象和影响力。要实现文化强国的目标，中国必须不断推进文化实力的现代化，使传统文化与现代社会相适应。文化现代化并非简单地抛弃传统，而是一种对传统的离异和回归的过程，传统文化始终在影响着现代文化的发展。因此，现代文化的建设需要在借鉴传统的基础上进行，将传统与现代相结合，实现转化和再生。这样的发展路径既能够保持文化的传承性和历史底蕴，又能够使文化与时代相契合，焕发出更大生机和活力。

中国文化的传统是丰富多彩的，蕴含着深厚的历史底蕴和智慧。在推进文化现代化的过程中，必须充分发挥传统文化的积极作用，借鉴其中的精华部分，使之与现代价值观相融合，推动中国文化不断向前发展。同时，要重视文化软实力的培育与提升，加强文化产业的发展，培养具有国际竞争力的文化产品和品牌，增强中国文化在国际上的影响力和竞争力。在实现文化强国的过程中，政府、社会各界以及每个个体都应该发挥积极作用，共同推动中国文化的发展和壮大。

民俗体育文化扎根于中国传统文化的土壤中，是中国传统文化不可或缺的重要组成部分。这一文化形式源远流长，深植于民间生活之中，以其丰富多彩的表现形态，展示着各民族丰富多彩的生活。其独特之处在于不仅仅是一种娱乐方式，更具有宣教功能、渗透力、影响力和凝聚力，深入到人们的日常生活中，成为社会生活的一种样式。随着文化现代化的进程，民俗体育文化也需要与时俱进，整合出新质文化，以适应发展的趋势。这意味着不仅要注重传承发扬，更要注重社会改良与进步，强调个性培养与创造性。只有如此，民俗体育文化才能真正走向现代化，吸收先进文化精华，增加其魅力，成为地方文化的载体和国际文化的代表，从而提升国际形象的认可度。

走向现代化并不意味着丢失传统的魅力，而是通过现代化的手段和渠道，保持民俗体育文化的生命力和文化价值。只有如此，民俗体育文化才能在国际舞台上发挥更大的作用，为世界文化的发展做出积极的贡献。因此，对于中国的民俗体育文化而言，走向现代化是必然的趋势，也是其继续繁荣发展的关键所在。

（三）民俗体育现实路径的多样化发展

中国的悠久历史与独特国情决定了民俗体育的发展必须与国情、人民需求以及世界体育格局相契合。作为中华传统文化的珍贵遗产，民俗体育的发展是弘扬传统文化、服务文明建设与健身事业的关键着力点。因此，在推动民俗体育发展的过程中，需要兼顾其健身性和娱乐性，将其融入人们的日常生活中，使其成为健身休闲的重要组成部分。

第一，为了实现民俗体育的全面发展，必须强化其教育功能。这包括结合理论研究和教育平台，通过教育的方式传承民俗文化，保护和传承民俗体育。民俗体育教育应当融入学校教育体系，培养学生对民俗体育的理解和热爱，同时为他们提供参与民俗体育活动的机会和平台，以促进其身心健康的全面发展。

第二，民俗体育的发展需要注重其融入现代社会的需求。随着社会的发展和人民生活水平的提高，人们对健康和娱乐的需求日益增加。因此，民俗体育应当不断创新，满足人们多样化的健身需求，使其更加贴近人们的生活，更具吸引力和可持续性。

第三，民俗体育在体育产业化进程中扮演着不可或缺的角色，其利用丰富的资源对经济的发展起到了重要的推动作用。"体育搭台，经贸唱戏"的模式被视为体育产业化的典范，它通过将民俗体育资源与商业、旅游相结合，为地方经济的发展注入了强劲动力。地方民俗体育文化品牌的创新以及旅游胜地的开发吸引了大量投资，从而进一步促进了当地经济和旅游业的繁荣发展。举例而言，山东潍坊每年举办的国际风筝节便是一个成功的案例。这一盛事吸引了来自世界各地的中外游客纷纷参与，不仅极大地提升了当地的旅游业水平，还在经济和贸易领域产生了良好的拉动效应。

此外，随着互联网等现代信息渠道的发展，民俗体育也有了更广阔的舞台，可以向全球展示中国民族文化的独特魅力。这种形式不仅有助于提升国家的文化软实力，还能够增强中国在国际舞台上的话语权，使中国的民俗体育成为世界瞩目的焦点之一。

第二节　民俗体育文化的生成机制

无论是在西方词源里，还是在中国传统词源中，"文化"本身就具有了先天的生成性特征。民俗体育文化，这个典型的、经过人类社会加工过的"次级文化"，也自然具有了生成性文化的特征。特别是经过中国几千年民俗文化和体育文化土壤的培育，经过人类创造性的发挥，所演绎的内容已经涵盖了传统文化、民俗文化和体育文化等诸多文化载体，这使得其生成机制非常复杂，有待于进一步剖析与探究。

一、民俗体育文化的生成轨迹

"随着社会经济和科技水平的不断提高，人们对传统文化的重视程度也越来越高。"[①]民俗体育文化关注的是文化范畴中的本体性的理解，是把文化作为个体生存和社会运行的基本方式，从而对于人的生存和历史的运行提出更为深刻的理解。正是基于这种理解，民俗体育文化并不存在"过时"的说法。过去探讨民俗体育文化一定是"向后看"的，民俗体育文化似乎成为"落后""陈旧""迂腐"的代名词，但是事实却远非如此，这种对于民俗体育认识上的误区，已经成为研究民俗体育的"绊脚石"。

首先，要明确的是民俗体育文化一定是一种历史的凝结。它注定是符合

[①] 芦鹏，樊罡.基于现代化信息技术的民俗体育文化保护问题研究[J].文体用品与科技，2023，14（14）：194-196.

时代发展的趋势，能够代表时代精神的一种"契合"型文化。只不过我们需要注意的是这种"时代"是指的"当时代"而不是"现时代"，对于民俗体育文化的解读不能以今天的文化精神去理解，而必须要将其还原到当时代的背景之中。

其次，民俗体育文化关注的是"点"。历史的生成方式有很多种，有直线型的也有螺旋上升型的，民俗体育文化的生成方式更加关注的是"点"。所有的民俗体育文化都是以一个个体"点"的形式出现，而后众多的"点"再聚集成一条主线，这成为民俗体育文化的产生脉络，但是需要注意的是这些聚集成直线的"点"也不是整齐划一地在一条直线上排列，而是围绕着一条主线聚集在其周围，形成一条轨迹。有很多民俗体育运动项目看似是历经一种时空的延续发展到今天，事实上它们发展的轨迹更确切的是由众多"点"形成的轨迹。

二、民俗体育文化的生成动力

（一）人类对自然的超越和创造

文化最根本的意义上是人类历史凝结成的生存方式。文化的人本规定性，是文化的最本质的规定性。文化作为历史凝结成的生存方式，体现着人对自然和本能的超越，代表着人区别于动物和其他自然存在物的最根本特征。因此，民俗体育文化也同样源自人类自身对于自然的超越和创造。按照马克思主义文化学的理解，民俗体育文化所具有的超越性和创造性主要体现在以下方面。

第一，民俗体育文化是人与自然分裂与统一的根基。民俗体育运动源于人类在自然中的实践活动，因此民俗体育文化也就继承了这种实践中的自然性。相当一部分民俗体育运动项目的开展是与自然密不可分的，并且总是要将自然融入运动项目，成为民俗体育文化的一部分，达到和谐统一的效果。例如最简单的跳房子、打瓦都不需要固定的标准场地，只需要一块简单的自然场地即可，更不用说打水漂、滑冰等运动项目。但是，这种和谐统一并不是民俗体育文化的全部，作为一种运动形式的文化代表，民俗体育文化中还体现着与自然的对立与分裂精神。人是自然的一部分，但是人类创造的文化却是超越了自然。征服自然一度成为人类的终极目标，并且伴随着这种目标实现的过程，人类与自然产生了分裂继而形成根本性的对立，民俗体育文化也是如此，很多运动项目也在重复着现代竞技体育的特点，不断地追求极致，不断地试图超越。从这个意义上说，民俗体育文化本身就具备了人与自然分裂与统一的特质，这是民俗体育文化发展的根基，民俗体育文化的演化过程几乎都遵循着这一脉络主线。

第二，民俗体育文化是人与人、人与社会分裂和统一的基础。民俗体育文化是人创造的，一旦民俗体育文化形成，也就标志着人与人、人与社会的分裂和统一逐渐形成。民俗体育文化的思想和行为必须被一处居民或一群人所共同享有，从这个意义上理解民俗体育文化，它具有高度的统一性。几乎所有的民俗体育文化都必须依托一定的社会文化（其中包括民俗文化、政治文化、经济文化等）才具有存在的价值和意义。很多民俗体育运动项目，从最初的一项体育运动最终演化为一项制度，成为被全社会认可和接受的一种制度文化。

人之所以可以与自然界分裂开来，很重要的原因是人类自身的个性和创造性，这种特质也成为民俗体育文化导致人与人、人与社会分裂的基础。民俗体育不像现代竞技体育那样，具有严格的制度体系，成为制度体育的典范，而民俗体育具有很强的灵动性。民俗体育运动明显呈现出与主流社会文化、价值观念的分裂，这种分裂并不是由个体人所决定的，而是成为社会民众的集体行为。这种分裂现象对于促进民俗体育演变本身而言具有一定的积极意义，但是却违背了社会主流文化，这在民俗体育文化发展过程中是需要认真思索解决的问题。

（二）民俗体育文化自身的不断超越和创造

一个民族在共同的民俗体育文化影响下其内在形式和整个表现是相似的，民俗体育文化是文化的产物而不是它的创造者。文化的特性表现在内在于人的一切活动之中，影响人、制约人、左右人的生活方式的深层的、激励性的东西。它主要表现在以下方面。

第一，民俗体育文化是由人创造的，但却是自由发展的。人是文化的创造者，同时也是文化的创造物。尽管是人类创造了民俗体育文化，但是人类却并不能真正驾驭民俗体育文化的发展，只能让它按照自身文化体系的演进规律去发展。譬如说民俗体育文化危机，就是一个很好的佐证。民俗体育文化发展到今天，历经千百年的历史，却逐渐走向没落，无论是从其文化传播意义上还是从其影响力上都已经到了一个危险的边缘。此时，民俗体育文化的创造者竭力想使其发展壮大，但是现实却是非常残酷的，人类无法真正驾驭这个由自己亲手创建的文化体系。我们能做的是通过各种途径、渠道来帮助民俗体育文化，仅此而已。如果民俗体育文化不想被湮没在文化的历史长河中，只能依靠其自身的力量来完成。

第二，民俗体育文化具有内在的自由和创新性。民俗体育文化具有内在的矛盾和张力，而这种矛盾和张力的动力来源于正式民俗体育文化所具有的内在的自由和创新精神。一方面，民俗体育文化是人的实践活动的创造物，是人超越自然本能而形成的，它代表着文化的自由和创造性的特征。另一方面，民俗体育文化又具有明显的群体性特征，文化历史积淀下来的被群体所共同遵循或认可的行为模式，对于个体的存在往往具有一定的强制性，它一旦形成，就对参与民俗体育运动的个体的行为和社会生活具有制约作用，甚至决定性作用。由于民俗体育文化的内在的矛盾性或张力结构，民俗体育文化，一方面具有相对稳定性，使民俗体育运动项目得以流传至今；另一方面具有自我超越性和创新性，使民俗体育运动项目能够不断地丰富、发展（即使是已经消失的民俗体育运动项目也是这种超越性和创新性的产物）。民俗体育文化是一种由历史生成的产物，它既不是给定的先验结构，也不是一成不变的规范体系，而是经历着自我超越和自我完善进程的相对稳定的一种文化生存方式。

三、民俗体育文化生成的内涵

"民俗体育文化具有自娱与和谐社会、承载优秀文化传统、培养认同感和弘扬中华民族精神的功能"[①]，民俗体育文化的生成可以看作是表层文化（物质文化和制度文化）和深层文化（精神文化）的建立，在民俗体育文化的生成过程中，有其自身的规律可循。

（一）表层范式的建立

人们试图建立文化范式的意图是建立在民俗体育文化表层范式的基础之上的。民俗体育一旦形成自己的文化体系，其运动的器械、运动的一般规则都已普遍建立起来，并且在很长一段时间能够得到参与大众的认可，应当说

---

① 官钟威，李红梅.论民俗体育文化[J].体育成人教育学刊，2006，22（1）：10-11.

这种文化的表层范式建立起来相对轻松。因此往往给人们一种假象，认为民俗体育文化的范式可以轻而易举地建立起来，即使运动项目自身的结构体系、功能发生了变化，我们也会发现一种新的范式很快就取代了旧有的范式，并不会对民俗体育运动产生根本性的变化。这种变化并没有引起我们足够的重视，只是简单地认为这只不过是一次范式的变化（请注意只是变化而已），属于一种新的范式取代旧有范式的过程。然而，这种变化带给运动项目的绝不仅仅是文化表层范式的变化，而是一种文化深层范式的转折。

（二）深层范式的更迭

民俗体育文化还存在一种深层次的范式生成过程，也就是精神文化建立的过程，因为文化的基本功能是从深层次制约和支配个体行为和社会活动的内在的机理和文化图式，所以民俗体育文化的价值内涵是比文化的人本规定性更为丰富的展示和具体表现。民俗体育文化是一种超越性的文化，它建立在一定的范式基础上却又超越这一范式，并不是依靠范式来决定民俗体育文化的演进方向，而是依靠一种更深层次的精神范式来决定。正如我们所知道的民俗体育文化结构是由主体结构文化自身与客体以结构人类实践活动共同构成的。它们的"同构"根基在于主体与客体在人之实践过程中的同时生成。

因此，民俗体育文化必须是要建立在二者同步的基础之上的，并且这种同步过程并不是僵死的，而是一种动态的变化。当我们试图建立民俗体育文化范式时（即使我们已经建立起表层范式），我们往往忽略了文化深层范式的动态性和协调性，也就是说，我们所建立起来的表层范式，文化的深层范式根本不会接受——甚至于会产生一种反抗，正是这种反抗导致了两种结果：一种是民俗体育文化深层范式与表层范式的冲突，两者根本无法兼容，这种后果就会将民俗体育推向灭亡；另一种则是民俗体育深层文化范式处于不断的自我调整阶段（毕竟我们已经将表层文化范式固定），使之与表层文化范式相匹配，这种调整的后果就是我们所看到的民俗体育深层文化范式和表层文化范式尽管能够共生共存，但是已经不再是我们过去所认识的民俗体育（文化）。深层文化范式始终呈现出一种滞后性，并且文化范式在不断的更迭之中，这将会成为民俗体育不断演进的源动力。

第三节　民俗体育文化的变迁规律

民俗体育作为一种民间文化，是世居民族在长期的生产实践与生活劳动中流传下来相对稳定的体育文化事项，具有稳定性和民族性的文化特征。但随着外界环境的变化，民俗体育的文化符号与精神内核也会随着发生变化，即民俗体育文化变迁。

民俗体育文化变迁的动力取决于它与外界环境的互动结果，当外界环境不能正常提供民俗体育孕育的"养分"，生命力不够旺盛的民俗体育项目便开始凋落或消亡，相反，适应环境改变进行有效文化调适的一些民俗体育继续发展，直到进入新的成长周期。这是文化与环境的互动结果，在人文地理学上叫作文化生态关系。这里的环境包括自然环境、社会环境和人文环境。自然环境（也称之为地理环境）是民俗体育文化系统形成与发展的基础，直接决定了民俗体育文化赖以生存的物质条件。社会环境是民俗体育文化变迁的催化剂，尤其是时代更替导致的社会变迁更是直接动摇了民俗体育的文化根基。相比于地形地貌、气候温度、植被海拔等所组成的自然环境，社会环境的易变性要大得多。最难以把控但对民俗体育变迁影响最大的是人文环境，这是一种在社会环境中隐藏的无形环境，包括人们的价值观念、态度认知等。自然环境、社会环境和人文环境三者的合力作用加速或延缓了民俗体育的文化变迁，在西方体育占主流的现代体育环境下，民俗体育的发展举步维艰。

现代体育是相对于古代体育而言，是体育发展到现代的表现方式，在国际上通常分为两类：以奥运会为最高表现舞台的竞技体育；以普通群众参与为特征的大众体育。现代体育是一个非常复杂的系统，但却具有非常清晰的结构特征，目前学术界普遍认可的三种基本结构形式是竞技体育、社会体育和学校体育，三者之间彼此融合且相互独立。以社会体育为例，它具有自身独立的结构特性与结构类型，通过人、财、物、时间、空间和信息等构成要素之间的相互作用以达到社会体育增进人的身心健康、促进人的全面发展的主要目的。而民俗体育作为一种在中国民俗节庆活动中发展起来的传统体育，却无法把它简单地归置于哪一种体育结构形式。在内容表现上它往往兼具竞技体育、社会体育、学校体育三者的特点，在任何一个领域都少不了民俗体育活动的影子。

民间活动中的民俗体育以娱乐身心为主，学校层面开展的民俗体育又以促进学生的全面发展为目的。活跃在各大赛场上的民俗体育竞技性越来越强，显然是为了适应当今社会潮流的发展而进行过的规则改良与技术创新，这一点与民俗体育的"民俗性、生活性"等内核精神却又是相违背的。在学科的研究层面上，鉴于现代体育是由西方传入，在本土生根发育，无论是运动人体科学、体育教育、运动训练等学科体系借鉴西方已成熟的研究范式倒也合情合理。然而作为在中国土壤和气候中孕育成长起来的民俗体育，需要借助西方的理论方法来解释我国本土性文化事项，解释力显然会受到影响，这也在一定程度上制约了民俗体育学科的成长空间性，从而削弱了民俗体育发展的理论指导力度。

因此，在当今西方体育占主流地位的世界体育圈中，民俗体育的发展举步维艰。如何在奥林匹克运动风靡全球的今天，寻找民俗体育文化的发展定位尤为关键，或许我们可以从社会变迁中的民俗体育文化演变机制中寻找到答案。

一、我国民俗体育文化变迁的路径分析

（一）文化传播

文化传播是指人类文化由文化源地向外辐射传播或由一个社会群体向另一群体的散布过程。文化传播主要有两种方式：一种是直接传播，另一种是间接传播。直接传播指的是具有一定文化知识水平的人通过商队、军队等方式将精神或者物质方面的文化传播出去，一般通过这种方式传播的内容多为专业性较强的文化内容。间接传播主要指某一社会群体借用外来文化特征中的原理，进行文明创造活动的一种刺激传播，间接传播表现出一种比较复杂的文化扩散力。

文化传播是一个文化发明创造出来的文化要素乃至文化的结构、体系向本文化外的地域扩散或转移，引起其他文化的互动、采借以及整合的过程。文化传播是民俗体育文化变迁的路径之一，无论是文化的直接传播还是间接传播，无形当中都加速或延缓了民俗体育文化的变迁过程。

（二）文化涵化

涵化是文化变迁过程中的一个核心理念。当今世界，伴随着经济全球化的发展，文化全球化趋势日益明显。在世界不同文化的交流融合中，经济地位决定着文化的地位，强势文化必然通过种种优势将自己的文化价值推向世

界。从目前全球文化力量对比来看，西方文化以其绝对的经济优势成为一种强势文化，在迅速走向世界的过程中逐步排挤本土文化，对其他文化造成巨大的冲击和压力，并开始占据、支配人们的思想和观念。我国民俗体育文化也遭受着西方强势文化的影响和冲击，造成各民族对本民族特有的体育文化认知产生了新的价值取向，民俗体育文化的变迁也因此而逐步形成。各地民俗体育文化形式与西方体育文化日益接近，在发展方向上也逐渐迷失。

（三）文化创新

文化是一个国家和民族的灵魂。文化兴旺是一个国家和民族兴旺和强大的基础。只有文化兴旺的民族才能做到文化自信，而文化创新是文化自信的源泉。一个没有创新文化的国家和民族是无法立足于世界民族之林的，同样没有文化创新的民族终究也会被时代所淘汰。当今世界，西方体育逐渐全球化，在这种趋势下民俗体育文化要进行创新，就必须要遵循文化创新的两条路子：一方面，扬长避短，坚持民俗体育文化自主性的特色，坚定本民族自身的传统文化底蕴，传承本民族深厚的文化内涵，努力吸取传统文化的精华，冲破封建的、墨守成规的文化桎梏；另一方面，运用全球化视野，坚持可持续发展思路，积极与西方世界的体育文化互动交流，吸取其他民族的优良传统，借鉴世界各民族优秀文明成果进行文化的自我创新，在与世界上其他体育文化的交流融合中实现自身民俗体育文化的繁荣发展。

二、人类历史演进中民俗体育的文化变迁

纵观人类社会的发展史，从人类的原始社会开始直至今日，时间跨越数万年，历经原始文明时代、农业文明时代、工业文明时代和信息文明时代等

四个阶段。民俗体育文化始终伴随着人类的岁月长河绵延至今，呈现出清晰的成长脉络。或许可以通过每一个阶段民俗体育的呈现特征窥视人类生活世界中民俗体育文化的变迁规律和路径。

（一）原始文明时代

从严格意义上讲，原始社会时期并不能称之为"文明时代"，一般意义上人类进入文明时代是以文字的出现为标志。但也有学者认为，原始社会作为人类社会的早期阶段，终究脱离了与猿猴为伍、与野兽同游的生活状态，是人类文明的开端。因而，原始社会当属于原始文明时代。对于生活在这一时期的人类祖先来说，其生活的全部内容都是围绕人类的生存和繁衍而展开的。这时的民俗体育因为所处的环境而具有明显的"原发性"特征。例如原始体育中的舞蹈，对于原始居民来讲，无论是生产舞、恋爱舞，它们都是以团体为单位而进行的。这些舞蹈作为一种群体性的体育活动，其表现出的最明显特征就是一致性，通过这种一致性来体现人与人之间的凝聚力、人力与自然力的沟通和协调以及群体相舞引发的勇气和力量。原始居民认为世间的万物都是有生命的，基于这种认识和对这种自然力量的敬畏，人们通过舞蹈来求得心灵的慰藉，生产舞是祈求农事丰收，恋爱舞是表达了求偶和婚育的需求。原始社会中的体育活动，都跟居民的日常生活紧密相关，表现出了功利实用的色彩。而原民俗体育中的游戏是与我们现代意义最为接近的，游戏是原始居民作为生命体的基础能力，同时也是在物质生活和精神生活极度匮乏的状况下自我娱乐的一种活动。

因此，原始体育不仅是基于居民的生存发展需要，更是居民情感抒发的一种方式。比如舞蹈，早期巫舞除了表达对神灵的敬畏，也是内心的一种情绪宣泄。原始男子的跑跳、格斗、投掷都与自身情绪的释放有一定的关联。

在人类漫长的史前阶段，民俗体育的存在方式基本上仍未脱离满足原始人的生理需要阶段，属于自然体育形态。除了体育，其他娱乐、教育、游戏同样如此。从心理学的角度看，民俗体育从产生伊始就带有非常明显的实用功利性色彩，这与当时的民众心理有很大的关联性。原始居民通过武术、图腾、神话等形式来了解这个世界，而正是这个原因使得体育活动具有了非功利性、独立和仪式化的特点。在生产效率极端低下、人们为生存不得不付出大量时间和精力的情况下，只有在巫术的庇佑下，身体活动才能够逐步与劳动、军事等活动分离开来，并逐步发展成为相对独立的社会活动。

通过对原始民俗体育活动的概括、总结，可以得知这一时期的民俗体育特征表现为生活性、神秘性、经验性、模仿性和情感宣泄性；而从其内容上来看，它的特征表现为地域性和全民参与等特征，其活动的进行方式是不受限制的，表现为更多的自由性，而且参加活动的成员也不需要资格认证，没有成绩和结果的认定，更不存在专门从事民俗体育活动的人员和组织等。

（二）农业文明时代

1. 从生理走向心理

农业文明时期的民俗体育较之原始时期的民俗体育表现出更多的功能。在以农耕文明为主的封建社会，田间游戏、村寨狩猎不再是以生存的需要为主要目的，人们的传统日常生活开始变得丰富多元。尤其是节日的出现，几乎就是民俗体育狂欢的重要舞台。至今我们依然能够看到很多描述民俗体育元素的古代诗词，这些诗词有些与传统节日联系在一起，但大部分反映了人们的日常生活。另外，还有一些根据传统节日发展起来的民俗体育活动，比如郊游、踏青是从春节发展而来，元宵节的"游百病"和"拔河"，清明节的放风筝、蹴鞠、荡秋千，端午节的赛龙舟等。

2. 从物质走向精神

史前社会，民俗体育并没有从人们的生产与生活实践中独立分化出来，实用主义色彩浓厚。进入农耕文明时代以来，民俗体育从原始社会过多地注重物质需要的功能价值转向开始重视精神文化的需求，但由于小农经济的生产活动仍然是以家庭为单位进行的重复性劳动为主，不可能形成大规模的社会分工，因而很多民俗体育活动依然是以自发自为性为主。

这一时期民俗体育的特点反映了传统的运动价值观，彰显了传统文化独特的品格与气质。春秋战国时期开始的养生导引术，通过人的呼吸调节配合肢体活动达到强身健体的功能。汉代有模仿虎、鹿、熊、猿、鸟等的动作组编的五禽戏，据说是华佗根据动物的解剖原理创编，能够促进人的气血平和达到祛病健身的效果。兴起于唐宋时期的捶丸，除了健身功能之外，兼具娱乐与竞技功能。作为一项高雅且休闲性很强的体育项目，它对参与人的个性修养、道德品行有很高的约束，倡导以和为贵，淡泊胜负。捶丸有一套完善的比赛规则，要求参加者严格遵守，如有违反必重处罚。谨言慎行、循规守信、寓教于乐的传统体育荣誉观贯穿了中国古代几千年的历史，深深植入到每一个社会阶层，成为中华民族优秀的传统文化得以传承。八段锦、气功、太极等这些传统体育也基本上都有一大特点：崇尚修身养性、内外兼修。

此外，民俗体育活动不乏一些竞技色彩特别浓厚的项目，如马球、蹴鞠。但总体而言，农业文明时期的民俗体育契合中国古代传统文化的儒家风格：重和谐，轻竞争。这与当时自给自足的经济方式和内陆型地理环境造就的内向型封闭社会密不可分。

（三）工业文明时代

工业文明时代是与农业文明相对而言，工业发展占据社会的主流，农业经济退居次位。这一时期最大的特点就是城镇化速度加快，劳动方式优化，机械化大生产主导人类文明。体力劳动者急剧减少，大量脑力劳动者成为劳动生产线作业的一分子，为社会贡献自己的智慧和力量。

工业文明时期的民俗体育就其发展特征而言，相对于之前的时代神秘性和模糊性逐渐消失，由于科技的推广和工业技术的普及，地域性的特征也不像之前那样明显，民俗体育开始从农村走向城市。有些民俗体育项目已经从自发的组织方式向自由自觉的发展方式转变，甚至开始出现从事该行业的一些专业技术人员和组织机构。然而，由于工业文明对生态环境的极大破坏，民俗体育面临文化传承上的巨大挑战。

首先，民俗体育原来的生活世界已经被破坏，原汁原味的生态圈融入了更多的机器、科技和人口流动等元素，最适宜民俗体育文化生成的土壤根基遭到了动摇。

其次，民俗体育传承主体的心理结构发生了变化。民俗体育的发展路径开始呈现多元化趋势。现代性在生活世界中的生成，不仅使得民俗传承主体及行为、传承内容和形式发生了变迁，更使得民俗传承心理也发生了转移。

在现代生活世界中，工业文明的两大主导精神——技术理性和人本精神，逐步培养人的创造精神和主体精神，对巫术神灵的依附和敬畏降到了人类发展历史上的最低点，民俗体育传承主体也由以往生活世界中的全身心投入式的参与向观赏与参与并存的心态转变，而观赏性心态的出现必然导致民俗体育消费层面的增长，从参与到观赏和消费，是民俗体育在现代生活世界中经历最深刻的变化。

（四）信息文明时代

以计算机和互联网的出现为标志，将人类的发展史推向了一个新的时代——信息文明时代,这是人类社会发展的新阶段。从原始文明时代到农业文明时代,再到工业文明时代,直至如今的信息文明时代,人类生产力水平实现了历史性的三大跨越。民俗体育的活动表征、内容特征和功能价值都在悄悄发生着变化,特别是信息时代人际交往的方便迅捷和信息的互通,民俗体育的文化地域隔断基本被打破,各种民族文化元素融汇在一个社会的大染缸中,那些更能适应现代发展的民俗文化继续生存,同时那些"不合时宜"的民俗民风慢慢消失殆尽。然而恰恰是那些被认为"不合时宜"的民俗文化,代表了我国传统社会的文化变迁。

三、民俗体育文化变迁的规律总结

(一)生态环境变迁是先决条件

民俗体育文化变迁有两种:正向变迁和负向变迁。正向变迁是指民俗体育文化的积极变化,可能是文化的自我修复和自我完善,是向更先进文化迈出的坚实一步,是适应社会发展的一种自我改变。负向变迁则刚好相反,它是一种负面消极的改变,甚至是为了迎合某种商业目的而做出的被动转型,这种变迁改变了民俗体育的传统本色,失去了它的本源特色。

民俗体育文化是一个整合的文化体,之所以会发生这种改变,其先决条件是由于它周边生态环境的变化所致。当社会自然环境的改变有利于民众新的思维模式和行为模式时,文化变迁的先决条件就具备了。所以,当外部生态环境开始出现改变时,民俗体育文化也会发生相应的变迁。生态环境和民俗体育文化是不可分割的,生态环境的改变直接导致了民俗体育文化的变迁。

（二）文化与社会变迁速度的不一致性

文化变迁与社会变迁是两个不同的概念，两者是既有关联性也有区别的。文化变迁的侧重点在于文化环境相关因素的改变，如文化特质、文化模式等；而社会变迁的侧重点在于社会环境相关的因素的改变，如社会关系、社会群体等。一般情况下，文化变迁和社会变迁总是相互伴随的，有的文化变迁现象属于社会变迁的范畴；同样，有的社会变迁现象也属于文化变迁的范畴，所以有些相关的学者将这两者统称为"社会文化变迁"。在社会处于总体稳定时期，文化变迁与社会变迁之间往往能够基本同步或同向，如在我国封建社会时期，社会变迁是缓慢的，这时期我国民俗体育文化的变迁也是比较缓慢的，激烈程度也比较低，即社会变迁与民俗体育文化的变迁基本上是同步的、协调的。

但是，民俗体育文化与社会变迁并不是绝对同步的、同向的。在一些特殊的情景下，这两者之间也会出现不同步、不平衡，具体表现为两个方面：一方面，在一些特定的时期，民俗体育文化变迁的速度较快于社会变迁的速度；另一方面，社会变迁的速度远超于民俗体育文化变迁的速度，就是民俗体育文化变迁落后于社会变迁。当社会变迁发生，民俗体育文化变迁才能跟进变迁，甚至远远滞后于社会变迁的速度，这是文化变迁的基本规律。

（三）文化主体需求的变迁是根本动因

虽然文化变迁和社会变迁密切相关，但必要的时候也应对这两者加以区分。文化与社会是在相同的现象中抽象出来的不同方面，前者为意义结构，行动者根据它来行动，而后者则是社会互动本身以及它采取的一种稳定的方式。由于文化与社会这二者不统一，因此文化与社会的第三种因素——存在于文化主体中的需求整合模式就存在着内在的分离和断裂，这种文化与社会之间的不协调所导致主体需求与文化意义之间的不和谐与紧张，正是文化变迁的根本动因。

通常认为文化变迁是指文化领域缓慢发生的量变过程，这种缓慢发生的量变多半是无意识或非主体性的，称之为自然变迁。但在人类发展史上，这种自然变迁并不总是发生，更多的时候文化变迁都是发生在有计划有目的的社会文化改革中，这种文化变迁的根本动因就在于主体文化的需要。民俗体育文化变迁规律是随着人类的活动规律而进行的，最终表现为文化主体的文化创造、选择及适应活动。

民俗体育文化主体与人类的文化需求共存的方式有两种：第一种，民俗体育文化被动适应于人类的文化需求，这种适应方式必须基于人们的主体需求得到满足的前提下进行，或者说民俗体育文化满足了人类的文化需求，蹴鞠在中国古代的风靡便是印证；第二种，民俗体育文化的意义空间与人们的文化需求相冲突时，民俗体育文化就必须主动寻求改变，这种改变是积极主动甚至是有计划的文化革新，当这种文化革新发生时，民俗体育文化变迁就顺理成章了。

（四）民俗体育文化变迁的实质

一般而言，当社会生态环境发生变迁的时候，文化主体的需求也随之发生变迁。民俗体育文化作为文化生态系统的一部分，在社会生态环境稳定的前提下和其他文化共同维系总体动态平衡的体育生态系统。一旦生态环境发生变化，民俗体育文化必定会发生相应的变迁来适应生态环境的改变，民俗体育文化变迁常常发生在社会变迁之后。当社会变迁发生时，原来的民俗体育主体必须适应新的社会变迁，而其承载的"旧"文化功能和"新"的社会环境势必发生矛盾和冲突，冲突的结果是民俗体育文化发生解构现象，新的民俗体育元素得以添加，新旧体育元素交织在一起，彼此碰撞和交流形成新的文化动态平衡，经过文化重构实现了民俗体育文化变迁的过程。

因此，民俗体育文化变迁的方式实质是文化的解构和重构的过程。

第二章　民俗体育文化项目及传承发展

民俗体育文化项目的传承发展需要多方面的努力，需要政府、学术界、民间组织和社会各界共同参与，推动其不断发展和繁荣。本章讨论龙舟运动及其传承发展、舞龙舞狮运动及其文化传承发展、中华传统武术文化及其传承发展。

第一节　龙舟运动及其传承发展

一、龙舟运动的概念界定

"当前，社会经济发展迅速、互联网技术日新月异，在经济社会高速发展的今天，信息全球化的传播速度空前迅速，竞争日益增大在带给各行各业机遇的同时也存在许多挑战；这在民俗体育文化的传承和发展方面也不例外。"[①]龙舟运动是中国自古以来的民俗体育之一，也是中华民族所特有的一种文化现象。从体育训练学方面来看，龙舟运动是集合速度、耐力、力量于一体的水上运动项目，需要运动员向前进的方向不停地做周期性的动作，属于体能主导类项目。

龙舟运动是一项集众多划手依靠单片桨叶的划桨推动舟船前进的运动，只要类似划龙舟动作，亦统称为龙舟运动，其同时兼具中国民俗传统和竞技运动的特征。

二、龙舟运动的传承发展

（一）龙舟运动传承发展的原则

1. 原真性与创新性相结合

龙舟运动作为自古以来传承至今的中华优秀传统文化之一，其原真性代表着龙舟在发展过程中逐渐形成的器物、制度、精神等核心要素不可动摇，创新性则体现了龙舟发展的与时俱进。二者的结合说明了龙舟运动的发展不是一成不变的，在不同的阶段、不同的社会背景、不同的价值追求下，龙舟运动不可避免地会发生变化，这也说明了龙舟运动的可塑性，符合优秀文化自身运行的规律。龙舟运动之所以能够创新性发展，能够在五千年文明长河里奔腾不息的原因就是其本身就拥有重新建构的因子。所谓重新建构，在龙舟身上表现为两点：一是形式，二是内涵。形式的转变多表现为龙舟运动从

[①] 于国强.民俗体育文化传承与发展的困境研究[J].文体用品与科技，2022，8（8）：1-3.

民俗转为竞技，内涵的转变诸如增加了屈原的爱国主义精神、现代竞技的"更快、更好、更强、更团结"等。因此对待龙舟运动的发展我们要科学对待，原有的不代表都是陈旧的，其中蕴藏着巨大的能量，需要我们不断地挖掘。

如何处理原真和创新的关系，就是处理传统和现代的关系。每一个时代有每一个时代的理论和产物，中华优秀传统文化作为中华民族的"根"与"魂"，做到创新的意义就是让这个"根"在新时代、新历史背景下生根发芽并长成参天大树。传承文化要不断地传递旧文化，创造新文化，如果只"传"不"创"，那么一些无形的优秀文化也就失去了载体，随着时间的推移，会逐渐消失在历史长河中。

总而言之，在龙舟运动原真性与创新性相结合的过程中，龙舟运动的发展要不断推陈出新，但是并不意味着完全与传统的文化相割裂，而是要顺应传统文化的发展方向谋求全新的局面。即以原有的传统龙舟为根基，在此基础上推陈出新，赋予龙舟新时代的表现形式和内涵，形成人们可接受的新文化，使传统元素融入人们的日常生活。因此，原真性和创新性结合，不仅可以保持龙舟运动原有的元素，又可以为龙舟运动注入新时代的活力。

2. 传承性与批判性相结合

龙舟运动的传承性与批判性相结合的原则主要是针对其原真性而言。龙舟运动既然是特定历史条件下的产物，那么必然有着双面性，这就要求我们在传承龙舟运动时要站在新的历史角度和历史高度对龙舟运动的价值做出重新判断。要以辩证思维来对待龙舟运动，做到传承龙舟运动中的精华部分，使龙舟运动保持鲜活的生命力，同时批判龙舟运动中的糟粕部分，将冗赘的部分隔绝在时代之外。因此要以马克思主义基本原理指导龙舟运动的传承发展，如此才可以保证龙舟运动的不断更新。龙舟运动虽然是中华民族几千年智慧的代表，但是每一个时代都有每一个时代所倡导的人文精神和价值观念。

随着时代的进步，陈旧的思想观念必须结合新时代的特征来进行批判传承。总而言之，对于龙舟运动绝不能毫无批判地全盘吸收，对于一些不适合当代社会价值观念和现代社会文化建设需要的成分要将其剔除，如龙舟本有的祭祀礼神在如今就已不宜大肆宣扬。

首先，在继承和批判龙舟运动的过程中，要考虑的是龙舟运动的价值转变，即如何将不合理的转化为合理的，并进而成为有价值的。在批判旧思想的过程中，要保持科学的态度，首先转变观念，逐渐允许女子划龙舟，由不合理变为了合理。随后可将其进一步发展，女子龙舟的高速发展推动了龙舟运动的繁荣，使龙舟更具有观赏性，形式多样化，这就由合理变成了有价值。

其次，做好传承与批判的结合，龙舟运动蕴含的优秀文化是社会主义文化建设的一部分。在对待龙舟运动时如果一味地批判，戴着有色眼镜看待龙舟运动，会给龙舟的传承发展带来极大的损失。目前龙舟运动的传承与批判存在两种误区：一种是只传承不批判，为了经济利益和城市知名度将龙舟运动作为吸引游客的手段，过分夸大传统元素甚至随意篡改扭曲历史；另一种是只批判不传承，盲目地对优秀文化遗产进行全盘否定，这些都违背了文化发展的规律。因此在坚持传承性与创新性发展相结合的原则过程中，一方面，要在批判中传承，不简单否定；另一方面，要在传承中批判，不直接照搬。如此才能充分发挥龙舟运动的积极因素，克服消极因素，为龙舟运动的发展铺平道路，使其在历史的进程中大放异彩。

3. 人文性与科技性相结合

龙舟运动是在悠久的历史长河中不断沉淀发展形成的，具有浓厚的人文性，是中华优秀传统文化的重要源头之一。龙舟文化所倡导的"爱国、拼搏、团结、自强"等精神元素与新时代的文化要求高度一致，为现代化文化建设提供了坚实的文化支撑。进入新时代以来，中华民族从富起来到强起来的目标不仅仅是物质上的,更应该是文化上的。我们国家是文化大国,拥有着数千年的文化资源,对于这些文化资源如何在当今社会发挥出应有的作用需要我们不断地对其开发。因此要把传承中华优秀传统文化作为自己不可推卸的责任,龙舟运动作为典型的优秀传统文化之一,其所拥有的文化遗产数不胜数,要不断地深入挖掘。

随着大数据、云计算、物联网、人工智能等高新技术的发展,如今的人们虽然可以足不出户地了解世界大势,浩如烟海的中外典籍也可以通过高新技术进行传递。但是不可否认的是科技仅仅是满足人们需要的一种手段,而不是本质因素,满足人们物质和精神需要的依然是那些由人们创造且经历史洗涤的现实产品。由此可见,中华优秀传统文化的传承离不开人文性与科技性的结合。

科技性是当今时代的选择,想要传承好传统文化就要与时代相适应。要把科技运用到龙舟运动的保护、传播、创新上来,以此进一步增强龙舟运动的生命力,可以利用高新技术"活化"保存龙舟文化,龙舟运动历史悠久,用传统的信息保存方式极不方便,因此可以建立数字型档案馆;也可以用高新技术传播龙舟文化,现在对于龙舟的传播多见于主流媒体,对于新兴的短视频、微博、微信、抖音、快手等方式比较少见,因此可以推动传统媒体和新兴媒体的结合。由此可见,科学技术的运用必然会对龙舟的传承带来积极的作用,但同时也带来了新的挑战。这就要求在运用高新技术来传承龙舟的过程当中要注重人文性,实事求是,不夸大、不扭曲、不贬低。在市场经济追逐利益的情况下,一些媒体为了吸人眼球篡改历史人物事件,如龙舟运动的起源等,因历史久远人们了解较少,这就会给不明真相的受众带来负面的影响,甚至不正确的价值观。

总而言之,龙舟运动创新性发展的人文性与科技性相结合原则要求我们在发展的过程中既要彰显其自强不息、顽强拼搏的人文理念，又要依托高新技术将其与人们的日常生活相结合。

4. 民族性与世界性相结合

由于每个民族的现实差异不同，所以形成了不同的思想观念和行为方式，进而导致每个民族的文化存在差异，也正是这种差异保证了民族文化的特殊性，才使其更有价值。龙舟运动作为中华民族智慧的体现，具有鲜明的民族特色，每个地区的龙舟又有不同的形式和内涵。作为龙舟文化的核心，几乎所有的龙舟都蕴含着爱国、拼搏的精神。此外，还有一些地区由于独特的文化底蕴影响了龙舟的内涵，即便是同一个地区由于环境的不同也产生了不同的龙舟形式。由此可见，不同的地理环境和历史文化导致了龙舟运动的多样性。在文化发展的过程中，交流互联是必不可少的趋势，尤其是在如今的时代，经济全球化、文化多元化的趋势愈发明显，在这种情形下各民族不同的文化不可避免地产生冲突和排挤。但同时在文化冲突的过程中，各民族文化也在不断地交流融合，有的文化甚至互相依赖，互相促进。经过这种交流融合，文化就不仅仅是民族的，更是世界的，正如龙舟文化和奥林匹克文化的高度相融，推动了龙舟走向国际。因此，龙舟运动传承发展的民族性与世界性相统一的原则要求龙舟运动既保持有中华民族的文化特色，又吸收世界文化的特性。

坚持民族性和世界性相结合的原则，一方面，要吸收世界文化的优秀成果，自觉与世界文化交流互鉴是龙舟运动创新性发展的必然前提，在此过程中要理性对待民族性和世界性的关系。每个国家每个民族都有着独特的文化，在对待他国文化时要做到尊重文化、不谄媚、不贬低，而是本着求同存异的原则相互交流，在交流过程中要做到与龙舟自身的文化相适应，与时代相适应，与社会相适应。另一方面，要将龙舟运动融入世界，使龙舟运动走出国门，不断提高龙舟运动在国际上的影响力，彰显龙舟文化的魅力。

（二）龙舟运动传承发展的内容

1. 龙舟器物

龙舟器物是人们能够看得见、摸得着的有形物质，是龙舟文化的有形载体，是龙舟文化的基础。龙舟器物主要表现形式为龙舟器材，包括龙头、龙尾、舵、桨以及相关的附属器材。

龙舟器材根据材料来分主要有两类：一种是木质龙舟，一种是复合材料龙舟。木制龙舟一般主要为民间传统文化服务，主要用于特定的传统节日中的表演、竞渡以及祈福活动。根据部位的不同材质也不同，如船体大多用的是坤甸木，这种木头不能暴晒，平常要埋在泥里；龙头、龙尾多用樟木，樟木有利于上色；闸水板用杉木，有利于防水；舟桡用原木，原木自身坚固，不容易折断。复合材料主要就是纤维增强的复合材料，由于纤维的不同，又分为玻璃钢纤维和碳纤维，复合材料的龙舟为模具化标准器材，更能够体现龙舟运动的公正公平，而且更为环保，更适合竞技使用。

按照龙舟的外形来分又可以分为龙舟、凤舟、鸟舟等，这是由于不同的历史时期、不同的文化底蕴、不同的民间风俗相互交织导致的，人们比较熟悉的就是龙舟和凤舟，这和中国古代的图腾文化有着密切的联系，在古代男子以龙为尊，女子以凤为尊，因此龙舟凤舟代表了尊贵的含义。鸟舟的起源要早于凤舟，起源于古代氏族部落对鸟的崇拜。根据参与人数的不同，又可以分为22人龙舟、12人龙舟，这是在竞技运动兴起的环境下形成的。根据赛事的形式，可以分为水上龙舟、陆地龙舟、冰上龙舟；根据形式的不同，器材也略有差别，比如冰上龙舟在水上龙舟的基础上增加了冰刀、刹车、转向等装置。

龙舟器物的传承发展，首先要做到保护，龙舟器材作为有形的文化载体，具有极大的研究价值。因此应该在保护原有器材的基础上，加强对龙舟器物的创新，以此来进一步将龙舟器物蕴含的内涵加以挖掘和传承：一是要做好龙舟器材的调查溯源工作，详细且精准地把握龙舟器物的数量和质量；二是做好顶层设计，完善法律法规，将龙舟器材的保护落到实处；三是要积极申遗，提高龙舟的知名度；四是要做好人才培养，目前对于传统龙舟器材的制作大多数是只有老一辈人才会的工艺，长此以往会面临失传的危险。其次要做好研究与开发，只有对龙舟器材进一步研究才能使其更适合现代社会的生存环境，才能更好地掌握龙舟器材中蕴含的优秀精神。

由于科技革命导致现代化进程的加快，传统的龙舟工艺已经不适合现在的体育运动，因此需要对其加以创造：一是随着经济运动的开展，龙舟器材将木质转变为复合材料；二是随着生存环境的变迁，逐渐出现了陆地龙舟、冰上龙舟；三是随着龙舟入奥进程的加快，研制出了更适合奥运会的小型龙舟和数字化一体式龙舟。

由此可见，龙舟器物的传承发展要采用研究保护和创新开发相结合的方式，二者相互联系，相辅相成，共同促进了龙舟器材的发展。在研究开发的过程中不能只看重现实效益，同时也要关注文化传承，应该看到龙舟器物对于社会主义文化建设具有的重大意义。因此在器物创新的过程中，更要注意发挥传统龙舟器材的价值遗产。

2. 龙舟制度

龙舟制度对龙舟运动的发展起着保障、规范、管理的作用，同时又蕴含着一定时代下人们的观念和意识，因此对龙舟制度的创新性发展要做到批判与借鉴相结合。从龙舟制度的类型来看，主要分为人才选拔的制度、组织训练的制度、竞赛的制度三种类型。

（1）人才选拔的制度。古时没有完善的人才选拔制度，大多以老带新或是家族传承的方式进行。如今的龙舟俱乐部对人才的培养逐渐走向正规化、科学化，其中尤以高校为最。

（2）组织训练的制度。古代的龙舟训练组织机构多以氏族部落的首领为主，较少有官方机构参与。现代的一些龙舟业余队伍，人员大都是各自有工作的成年人，大家都是因为各自的兴趣爱好走在一起。因此对于队伍的管理比较松散，训练时间都是下班以后，而且训练频率不固定，只有临近比赛的时候才频繁训练。最后是技能练习，技能的练习根据时间有不同的训练环境，11月之前天气较暖，训练在学校湖中进行。11月以后天气转凉，训练的地点从湖中变成了学校游泳馆，形式由划船训练变成了划桨训练。

（3）竞赛制度。古代竞赛开始前的仪式大都与敬天礼神、祈福送灾相联系，赋予了龙舟神秘神圣的色彩，竞赛的规则也都是由比赛双方共同决定或是遵从祖训，直至隋唐才固定下了龙舟竞渡的时间和规则，到了明朝，比赛的规则更加完善。由于龙舟运动在中国自古属于民俗活动，龙舟运动起源的特殊性使得许多民间龙舟组织在进行当地龙舟比赛时竞赛规则有一些不同，因此在竞赛的安排、组织等方面仍然存在诸多漏洞，因此还需要进行进一步的研究和规范。

由此可见，龙舟制度的创新性发展要用批判和借鉴相结合的方式。一方面，要以批判的态度对待落后的龙舟制度，由于制度是在社会背景之上建立起来的，因此随着时代的变迁，传统的制度可能已经不再符合现代社会的要求。另一方面，要对优秀制度进行借鉴，如龙舟制度中原有的传统仪式正是我们如今所缺少的，如今的龙舟运动着重于比赛胜负和竞技成绩，对于"点睛、游龙"等传统仪式知之甚少。

总而言之，批判、借鉴，即扬弃是龙舟制度创新性发展的关键，要与社会主义现代化制度建设相结合，在此基础上传承发扬龙舟制度。

3. 龙舟精神

龙舟精神是指人们在龙舟活动中形成的价值、思想、心理等相统一的集合体，是龙舟运动的灵魂，也是龙舟文化的核心。

（1）龙舟精神是以爱国主义为核心的精神，爱国主义精神是中华民族传承五千年而依然具有朝气活力的原因之所在。龙舟运动自古以龙图腾为标志，而龙在中国古代是皇权的象征，因此自龙舟诞生之日起就与国家和民族产生了密不可分的联系。尤其是龙舟与屈原联系在一起之后更是将爱国主义精神推上了顶峰。自此以后，屈原的精神追求成为古往今来无数仁人志士奋斗不息的理想目标。

（2）龙舟精神是自强不息的精神。这种精神最早源自龙舟竞渡，与传统的龙舟仪式不同，龙舟竞渡在崇尚中庸、自然的古代掀起了一股另类的文化之风，从根本上代表着人们挑战自我、顽强拼搏的精神。同时这种精神也展示了龙舟运动力与美的结合，因此成为龙舟运动几千年来的重要标志。

（3）龙舟精神是团结奋斗的精神。不管是古代的龙舟竞渡还是现在的竞技运动，这都是龙舟运动最为显著的特点。近代龙舟运动拥有确定的目标，所有人都朝着一定的目标共同努力。鼓手、划手、舵手虽然各自发挥着不同的作用，但是三者要互相配合，任何一方的失误都是靠个人能力无法挽救的。因此，龙舟运动集体协作的重要性是任何一项竞技运动都无法比拟的。

由此可见，龙舟精神的创新性发展要采用转变与升华相结合的方式。一方面，对其进行转变，也就是采用"旧瓶装新酒"的方式，将精神表现形式比喻为瓶，将内核比喻为酒。所谓旧瓶装新酒就是表现形式不变，改变其内含的意义，如爱国主义精神。龙舟运动所具有的爱国主义精神是与维护封建王朝统治、忠君思想相结合的爱国精神，而新时代的爱国主义是坚持社会主义、坚持以人民为中心、坚持中国共产党领导的爱国主义。虽然两者在外显形式上都是爱国，但其本质有着区别，因此要对其进行转变。另一方面，对其进行引导升华，即采用"新瓶装旧酒"的方式，所谓新瓶装旧酒就是不改变其内涵，只改变其表现形式。龙舟运动本身所蕴含的团结、拼搏等精神原本具有明显的宗族和小团体性质。而随着社会的发展和时代的进步，在"人类命运共同体"光明愿景的实现中、在文明共享的建设中、在多元文化深化交流互鉴的时代里，我们需要的是全民族、全中国、全世界的共同努力和奋斗，因此需要对其进行升华。

（三）龙舟运动传承发展的出路

民族传统体育在其发展过程中涵盖了纵向现代化和横向国际化两个重要维度，以及民俗化、竞技化、市场化三种发展模式。在纵向现代社会中，民族传统体育不仅注重于理论研究和校园教育，更体现了普及与提高、群众与专业、传统与现代的有机结合，始终保持着鲜明的民族特色。随着全球化的趋势不断加剧，中国传统体育应当积极融入世界先进体育文化之中，以更好地满足国际需求。

在民族传统体育的发展过程中，政府主导、各部门协同、全社会共同参与是至关重要的。政府的扶持需要突出重点项目，并加强体育类非物质文化遗产的保护与发展。同时，部门间的协同合作需要综合协调各方面资源，以确保民族传统体育的良好发展。

社会各组织与行业协会在传统体育的发展中应当共同致力，共同开发社会与市场潜力，以彰显项目自身的价值。传统体育的发展需要融合政治、经济、文化和社会的共同需求，确保本土化与国际化相结合，从而保持其独特的本质特征。

◎民俗体育文化的价值互动与可持续发展

　　在国际社会的发展中，存在着三种不同的发展模式，它们在推动体育文化的传承和发展方面各具特色。首先，有一种模式是体育民俗的尝试申遗，这种模式强调保护和传承原始体育的特征，以增强本国文化的自信心。这种做法不仅是对传统的尊重，更是对文化多样性的重视，通过向世界展示本国独特的体育文化，加深了国际社会对该国文化的理解和认同。其次，市场化模式下的传统体育发展着职业联赛，形成了完整的产业链，推动市场的繁荣发展。这种模式下，体育不仅仅是一种文化传统，更成为一个具有经济价值的产业，吸引了更多的投资和参与者，推动了体育事业的不断壮大。民族传统体育在这些模式下形成了横向和纵向的现代社会国际化发展道路，既弘扬了本国传统文化，又融入了国际体育文化的发展潮流。

　　龙舟作为一种具有悠久历史的民族传统体育，一直在现代化发展的道路上探索着未来的方向。面对物质环境、精神内涵和管理体制等方面的困境，龙舟运动不断进行着改革和创新。它不仅在竞技层面上进行技术和训练的提升，更注重挖掘其文化内涵，使其更好地适应国际化的趋势。同时，龙舟运动也与新功能主义的观点相契合，不断探索和拓展其在社会中的功能和意义。通过参与国际龙舟赛事，交流与合作，龙舟运动不断开拓国际市场，提升自身的国际影响力。在现代化发展的进程中，龙舟作为民族传统体育的领航舰，将继续引领着中国传统体育的发展方向，为世界体育文化的多样性和繁荣做出新的贡献。

　　在新功能主义理论的支持下，中国龙舟运动的发展路径得以确立，这一路径建立在对现状和困境经验的深入理解之上。借助"信仰和大胆想象"，龙舟运动融合周围环境，并实践个人和个体组织的"主观能动性"。这种创造性的思维方式不仅创造了新的理论框架，而且能够主动地改善当前的压力困境，为龙舟运动的发展保驾护航。

第二章 民俗体育文化项目及传承发展

从宏观角度观察龙舟运动的发展，"结构和路径"得以清晰勾勒。通过识别和解释外部环境和规范，一个全新的理论框架得以建立。同时，微观层面上的"行动者与环境"双向互动效应也被深入理解，这包括对能力、价值、需求和愿景的理解，以及对社会期待和规范的相互作用和构造的谋划。

借助中观层面的群体间"利益模式"，龙舟运动的内在价值得以提高，其"吸金"能力也得以增强。这种方法有助于化解行动冲突，形成全新的发展格局。尽管龙舟运动在申遗、申奥、行业协会和产业市场的发展路径上会遇到各种困境，但只有满足行动和环境要素，才能实现最大程度的国际化发展。

1. 申 遗

申遗是国家地区对传统文化价值的重要体现，也是国际社会对该文化认同的象征，通过这一过程，文明得以在本土化保护中实现。世界非物质文化遗产广泛涵盖各类社会实践、观念表述、知识技能等，而我国将其界定为各族人民世代相传的传统文化表现形式。尤其值得一提的是，"传统体育和游艺"被特别提及作为世界非物质文化遗产的一部分。这些文化遗产不仅凸显了人类社会的意义和价值，更体现了特定民族、国家或地域内的独特创造力，其独特性、活态性以及传承性都是不可忽视的特点。例如，龙舟运动作为其中之一，不仅有助于增强我国文化自信、促进我国文明传承，而且在国际交流中扮演着重要角色。需要注意的是，在传播过程中应避免出现文化折扣，即在推广与保护之间要找到平衡，尊重其传统内涵的同时，也要适应现代社会的需求，以确保其传承与发展的持久性。

（1）文化认同是根基。社会风俗多认同。在这个社会中，龙舟文化成为社会认同的象征，其已经悄然融入人们的生活，成为日常生活中不可或缺的一部分。从龙舟文化中衍生出的各种形式，如邮票、龙舟故乡等，不仅仅是简单的物质表现，更是促进了龙舟民俗的持续发展。这些形式的存在，使得龙舟文化得以在不同的领域中延伸，进一步渗透到人们的生活之中。

地方民俗的存在也为龙舟文化的发展提供了有力支撑。例如，广东佛山南海区被誉为"中国龙舟运动之乡"，顺德区则被授予"全国龙舟之乡"的称号。这些荣誉不仅是对当地文化的认可，更是对龙舟文化传承和遗产保护工作的肯定。

龙舟精神在诸如端午节等传统活动中深入人心，激发了人们对体育的热情。这种热情不仅仅停留在观赏层面，更推动了当地农村体育事业的发展。人们通过参与龙舟竞赛，体验着传统文化的魅力，同时也为当地体育事业注入了新的活力。

社会化的龙舟比赛备受社会推崇和赞助，吸引了大量观众的参与。这些比赛不仅仅是简单的竞技活动，更是民俗与竞技的完美结合，深入广大居民心中。这种赛事的兴起不仅丰富了人们的文化生活，更加强了人们对龙舟文化的认同和传承的决心。

（2）活态传承是方式。非物质文化遗产与物质文化遗产之间存在着明显的区别。前者强调的是人的因素、创造性以及主体地位，突出了知识技能、精神意义和价值，特别注重可传承的技能、技术和知识。这种遗产的传承不仅仅是物质形式的传承，更是对文化、价值观念的传承。而后者，即物质文化遗产，则具有静态性、不可再生和不可传承的特点，侧重于实物的保护和维修，强调的是保存物质实体。在国家非物质文化遗产名录中，包括了传统体育、游艺与杂技等项目。国家通过提供传承场所和经费资助的方式，支持这些项目的授徒、传艺、交流活动，同时也支持参与社会公益性活动，以确保传承保护的效果。联合国教科文组织作为非物质文化遗产国际保护的主体，不仅指导和推动着全社会文化遗产的抢救和保护工作，还审定着《世界遗产名录》。各国的非物质文化遗产由各国占有物权所有权，因此需要相关机构介入保护，以形成社区民众的文化认同和自觉传承。龙舟作为一种民俗文化的发展方式，涵盖了多个方面，包括发扬体育技能技术、继承造船工艺、龙舟传说和习俗，以及保护龙舟实物和地方建筑等。在龙舟这一民俗体育活动的具体活态传承中，可以通过纵向深挖和扩充精神内涵、横向扩大继承队伍等方式来推动其传承。

龙舟文化是一项源远流长的传统，承载着丰富的纪念与祭祀活动。从汨罗纪念屈原，到东吴地区的纪念伍子胥，这些活动历久弥新，传承至今。在民间，龙舟活动更是多姿多彩，春节舞龙狮、端午划龙舟等，皆是为了祈求国泰民安、风调雨顺，蕴含着人们对美好生活的向往。而赛前的祭祀活动更是一项重要的仪式，如2017年广东佛山的龙舟公开赛，参赛队伍在比赛前烧香祈福，以祈求平安顺利。

在保护和传承龙舟文化方面，人们也不遗余力。他们重视培养民间艺术人才，致力于开发特色民俗旅游，同时也努力保护传统工艺技能。随着数字化技术的发展，龙舟文化的传播也进入了新的时代，通过互联网和新媒体平台，龙舟文化得以更广泛地传扬。更为重要的是，龙舟文化对于群体凝聚力、民族精神和核心价值观的塑造具有重要意义。在这一理念的指引下，人们纷纷致力于横向发展龙舟民俗队伍，以创新形式扩大传承人口。江西的旱地龙舟、吉林的冰上龙舟等创新方式的出现，使得龙舟运动更加多样化，吸引了更多的人参与其中。同时，各地授予龙舟文化各种称谓，如"中国体育非物质文化遗产保护和推广城市""中国龙舟运动之乡""全国龙舟运动之乡"等，激励着社会各界更加积极地传承和创新龙舟文化。这一系列举措不仅丰富了龙舟文化的内涵，也为其传承注入了新的活力。

（3）文化折扣要规避。文化折扣是指文化产品在国际市场上因文化差异而导致的价值降低现象。一国的综合国力越强，其文化产品在国际市场上所受的文化折扣越小，易被其他地区接受；反之亦然。文化的异质度与复杂程度也会影响文化折扣的程度。文化受众群体的兴趣和理解能力是产生折扣现象的重要因素之一。当本土文化走向国际市场时，必须采用多种宣传模式，以促进情感层面的价值共鸣。龙舟在横向外展时，应该遵循先易后难的顺序。应该选择文化差异较小的国家进行推广，以便更容易地被当地人接受和理解，然后逐步拓展至其他地区。为了减少文化差异带来的误解，加强中国文化元素的使用也是至关重要的。可以结合国外相近意义的图饰搭配，使文化表达更加通俗易懂，增强文化产品在国际市场上的竞争力。

在推广民俗龙舟活动时，有必要降低对龙舟文化的误解，以树立良好的形象，从而提升中国的国际形象和综合国力。在国内，需要加强对民俗龙舟活动外推的实力和自信。这包括立法保护、建立科学管理机制、加强教育宣传以及培养专家人才队伍等方面的工作。对于民俗龙舟活动的推广，应重视专业咨询和理论指导，设立骨干培训班，记录龙舟文化发展的历程，建立资料数据库，认定杰出传承人和发展地区，并进行评估鉴定工作；还应将传统体育项目如龙舟等纳入学校教学体系，设置相关课程，加强对青少年的传统文化教育，以确保民族体育的传承和弘扬。利用多种形式，如网络、会展等，展示龙舟历史文化，向世界证明"此龙非彼龙"，消除文化误解，促进合作交流和经验分享，传播中华民族精神，从而打造全球中华龙舟文化。

2. 申 奥

传统体育竞技是按照一定的组织形式、顺序和规则进行的竞技娱乐活动。其定义着重于参与者在平等的前提下，通过竞技活动来强身健体，提高身心素质。这一传统不仅是一种体育活动，更是一种活态文化遗产。其文化遗产体现在竞技程序、器材制作、比赛规则等方面，承载着丰富的文化内涵。为了保护和发扬这一民俗活动,推动其在全球范围内的传播和发展,人们积极探索民俗活动保护开发模式。通过活态发展,这些传统竞技项目被推广至不同的文化区域,逐渐成为大众体育运动,促进了体育文化的多样性和交流。在国际上,传统体育竞技的接纳度也日益提高。国际奥委会的参奥项目不仅是对这些传统项目的认可,更是全球文化交流的体现。特别是龙舟运动申奥成功,具有重要的国际意义,有助于拓展传统体育在全球范围内的影响力。尽管传统体育竞技在国际上获得了认可,但在奥运会中,西方运动形式仍然占据主导地位,这可能会压制发展中国家传统体育项目的参与水平。因此,龙舟申奥的成功对于平衡国际体育舞台上的文化多样性至关重要,有助于保护和推广传统体育竞技的地位和影响力。

(1)官方指示是导向。龙舟运动因其超过两千年的历史渊源和文化传承而独具特色。因此,对于将其申请为奥运会比赛项目,必须以谨慎态度对待,绝不能改变这项运动的本质。龙舟运动正在逐渐成为代表中国、影响世界的重要体育文化媒介。在官方引导下,应当挖掘传统体育的精髓,创新运动形式,提升技能水平,促进全球范围内的推广,并助力龙舟运动跻身奥运殿堂。

在经济实力展示方面,中国必须在软实力层面有所作为,尤其是在推动本土项目进入奥运正式比赛方面。此外,龙舟的创新形式也是值得探索的方向。冰上龙舟作为一种新型运动已经为冰雪运动的普及做出了贡献,并受到了北方地区的欢迎。

技术层面上,龙舟运动已经形成了一套受到世界认可的标准。同时,学习国外的科学训练方法也是提高竞技水平的有效途径。此外,龙舟运动在竞技体育方面已趋向全球统一。连续举办 13 届世界龙舟锦标赛证明了这一点。

为了推动龙舟运动入奥,需要将其打造成一个民族品牌项目。通过中华龙舟大赛等平台进行全国和全球范围的宣传,彰显国家软实力。这不仅有助于传承和发扬优秀传统文化,更能提升国家形象,为中国体育事业的发展增添新的动力。

(2)国际规范是难点。龙舟赛事在21世纪初虽未列入奥运项目,却蕴含着丰富的奥林匹克价值。其内涵包括团结协作和"重要是参与"的奥运精神,同时传承着中国文化中"龙"的吉祥象征。作为集体项目,龙舟赛强调着团队的力量,每个队员的协作配合都至关重要。这种强调团结的特点及其体现的文化内涵,使得龙舟赛容易被西方接受,同时也更容易为国际观众所理解。在龙舟比赛中,胜负明显,赛制简单公正,这进一步促进了其在国际上的推广和认可。

尽管有多个国家拥有顶尖水平的龙舟队伍,但在国际赛事中却并不存在绝对的强队或爆冷情况。这得益于龙舟赛事规则的持续调整,以适应人类和国际奥委会的需求,确保比赛的公平和竞争力。龙舟赛积极参与综合性赛事,不仅促进了与其他项目的交流,也提高了竞技标准和规范。

将龙舟纳入奥运会也面临着一定的挑战。一方面,入奥的压力与龙舟作为传统大项的经济压力相冲突,需要反向思维,寻找适应国际规范的方式,并且强调其独特性和文化传承。另一方面,龙舟竞渡规则的不断完善,使之更符合西方竞技体育简单易操作的评判系统,有助于提升其国际化水平。

中国在国际龙舟竞赛和组织管理中一直处于领先地位,但也应该加强与其他国家的交流与合作,共同推动龙舟运动的国际化发展。通过与各国分享经验和技术,共同完善龙舟赛事的规则和组织管理,为龙舟运动在全球范围内的发展开辟更广阔的空间。

(3)青少龙舟为重点。青少年是龙舟运动的未来,直接关系到奥运是否将其纳入为运动项目。其当前的热度以及未来的潜力将直接决定着奥运会是否能够添上这一项传统项目。为了推动龙舟运动的发展,必须开发其自身的价值，并着力推动青少年龙舟运动的蓬勃发展。青少年是龙舟运动的未来，吸引更多的青少年参与，将直接提升龙舟运动的教育意义和市场价值。在校园内推广龙舟运动，培养出综合素质强的运动员和管理人员，将为龙舟运动的国际化发展奠定坚实的基础。大学生作为龙舟文化传承的中坚力量，他们的参与将不仅推动龙舟精神的传播，还将促进群众体育的蓬勃发展。

为了保持龙舟运动赛事的平均发展，龙舟职业赛事需要特别重视设置青少年组。这不仅可以吸引更多的青少年参与，还能够为他们提供展示自己的舞台，激发他们对龙舟运动的热情和投入。同时，在后期的发展中，应该增加比赛项目，改造龙舟，并增设拔河等活动，以提高龙舟运动的观赏性和市场潜力。这样一来，龙舟运动将更加具有吸引力，成为最具潜力的传统体育项目之一。

3. 组织和市场

（1）协会发展要全面。社会组织的蓬勃发展是衡量一个国家软实力的重要标志，因为这些组织具有公共性、民主性、开放性和社会价值导向。在这些组织中，行业协会作为非政府的重要组成部分，以多数企业为主体，致力于志愿保护和增进会员利益。社团协会的发展常常从运行水平、支持与保障、社会影响三个维度进行评估。第一，运行水平的评估关注于组织的规模、结构、发展速度、性质、区域规模、从业人员和产业就业状况等方面；第二，支持与保障方面包括体制建设与改革、社会评估和政府购买服务等。第三，经济效益和社会效益是评估的重要指标之一，其中经济效益涉及支出与增量，而社会效益则包括了社会工作、文化和政治建设以及国际影响等方面。

作为一个典型案例，中龙协联合中央电视台直播品牌龙舟赛，通过广泛宣传，形成了良好的社会舆论。他们还定期组织裁判员培训，通过裁判员的培训，普及龙舟知识技能教育，从而产生了一定的社会效益。这一举措不仅提升了龙舟赛事的专业水平，也为广大爱好者提供了学习和交流的平台，同时也促进了龙舟文化的传承和发展。因此，这种社会组织的发展不仅在经济上带来了实实在在的效益，更在社会层面推动了文化的传承与发展，为国家软实力的提升做出了积极的贡献。

同时在国际影响力层面，由于长期以来中国非政府组织落后于西方，龙舟社团组织也同样滞后。非政府组织的国际化，从广义上看，是指非政府组织的国内事务向国际拓展，或直接参与国际事务，在超越本国范畴发挥影响力的过程。国际社会组织有两种发展模式：一为立足本国发展，逐步向其他国家、地区发展和延伸，从而形成全球影响力；二为与国际组织形成合作伙伴关系，参与国际事务反向推动社会组织国际化发展。显然后者没有前者更具主动性。早前的国龙联由中国香港筹备而成，且从中龙协和国龙联的关系上看，我国的龙舟国际化发展主要以第二种模式进行。因此，既然中龙协同时作为亚龙联和国龙联的重要会员，长期参与国际性赛会，对传播和发展中国龙舟文化应起到该有的保驾护航作用。

中龙协发展的关键点涵盖了多个方面，从内部保障到外部效果，再到创新和多元发展，都是其重点所在。在内部保障方面，中龙协致力于保障国内龙舟运动的质量。通过制定详尽的龙舟运动计划，建立高效的组织和领导机制，并实施严格的控制措施，以确保整个运动的质量和水平。同时，在外部效果方面，管理层、办赛和参会等方面的规范化管理被视为确保龙舟运动效果的关键。通过精心的策划和执行，他们致力于让龙舟运动在各个方面都能达到预期的效果。中龙协还非常重视创新活动形式，以避免龙舟运动发展陷入瓶颈。他们不断探索新的比赛形式和活动模式，以吸引更多的参与者，从而扩大龙舟队伍，使运动得到更广泛的传播和发展。在促进多元发展方面，中龙协积极推动职业赛事、群众赛事和竞技赛事的共同发展，以满足不同人群的需求，丰富龙舟运动的内涵和形式。此外，中龙协还着眼于完善国际赛事体制，包括规则、安全和普及工作，以适应国际龙舟运动的发展趋势和要求。他们还肩负起更多的社会责任，包括赛事安全和普及工作，为龙舟运动在社会中的地位和形象做出更大的贡献。同时，中龙协还积极推动龙舟运动的国际化发展，努力将其与国际接轨，加强在国际组织中的地位。为此，他们注重培养具有双语和管理能力的人才，并向国际组织转移，成为国际官员，与国际龙舟组织合作共赢，稳固中国在世界龙舟运动中的地位和话语权。

（2）产业开发增效益。龙舟赛已不再仅仅是传统的体育竞技活动，它已经向着更加生产性保护和产业发展的方向拓展。传统的渡江工具如今已经转变为具有经济价值和社会效益的产品，融合了商品开发、旅游和影视产业等多个领域。这种转变带来了一系列衍生产品，包括竞赛表演、服装用品、器材设备、旅游娱乐以及安全保险等。龙舟作为中国的民俗文化象征，在端午节成为重要的节目，为民俗文化产业和旅游业带来了可观的利益。

随着龙舟赛的发展，出现了更多的特色活动、节日赛事和文化论坛，这些活动形成了特色文化商业圈，推动了周边产品和纪念品的创新，构建起完整的龙舟文化旅游产业链。比赛的举办不仅促进了各地区的均衡发展，还吸引了媒体的关注和企业的赞助，推动了龙舟竞赛和商业的共同发展。

品牌职业龙舟赛事在国内各地举办，吸引了大量的观众和赞助商。特别是在内陆地区，龙舟赛事得到了更多的推动和发展。未来的发展应该鼓励更多的群众参与、市场运营和赛事创新，发展出更多形式的龙舟赛事，推动全民龙舟运动的发展，进一步刺激龙舟市场的增长。通过这种方式，龙舟赛将不仅仅是一项传统的体育竞技活动，更将成为一个蓬勃发展的产业，为中国的文化传承和经济增长做出更大的贡献。

在国家政策的支持下，处于全球化背景下的产业融合龙舟小镇成为文化经济增长的闪亮点。这里的成功得益于创新的推动，创新被视为国家兴旺发展和文化传承的源头活水。政府通过强化人文资源特色体育产业，促进了健身休闲项目的发展，并将其融入了旅游和联合赛事产业，为龙舟小镇的繁荣打下了基础。政府对传统体育项目，尤其是龙舟运动的政策引导和支持，提出了在龙舟之乡建设龙舟小镇的建议，进一步加速了龙舟产业的发展。

在龙舟制造方面，注重科技创新，减少了对传统物质的依赖，并积极应对环境污染问题，这为龙舟产业的可持续发展奠定了基础。文化旅游产业的发展也为龙舟小镇注入了新的活力，建设以"龙舟"为主题的餐厅、宾馆、活动展览馆，形成了龙舟商贸圈，吸引了更多游客和投资者的目光。

随着青少年锦标赛的不断发展，对培训服务业提出了新的需求，进一步促进了龙舟产业链的完善。充分发挥龙舟运动的文化、健身和产业价值，将其向全世界推广，形成可持续发展的龙舟市场成为当地的发展目标。这种全方位的发展势头，不仅带动了当地经济的繁荣，也为龙舟文化的传承和创新注入了新的活力，展现出了龙舟小镇作为一个文化经济增长亮点的无限潜力。

（四）龙舟运动的创新性发展路径

1. 培养人才，推动全民参与

（1）夯实传统民俗的群众基础。龙舟竞渡自古就是群众性的运动，只有将龙舟竞渡向全民普及，才能推动对龙舟文化的传承，才能将龙舟运动所蕴含的拼搏、团结精神传承下去。现在社会乡村正在城镇化，政府应借此契机积极引导，将龙舟运动由村落向社区、城镇发展，如此既可以加强社区之间的凝聚力，又可以以此保证现有传承主体数量的扩大，只要有群众基础，在口耳相传的接续影响下，龙舟运动复兴必然近在咫尺。

首先，青年人才是希望。当下的龙舟队伍除高校龙舟队外几乎很少见有年轻群体参加龙舟活动，所以建立青少年龙舟传承体系尤为重要，以学校为重点、社区为补充、家庭为基础建立三位一体培养机制，学生假期空闲时，在村委会或者居委会的组织下，确保安全的同时，让青少年体会龙舟运动的乐趣，在潜移默化中为龙舟运动输入新鲜的血液。

其次，以龙舟赛事为主要形式。为了扩大龙舟的传承队伍，政府及有关部门可以以民俗活动的方式调动群众参与到龙舟运动活态传承中去，以政府为主导，各地龙舟协会协作定期举办各项贴近群众生活的赛事，如旱龙舟、龙舟拔河、家庭龙舟等。特别要注意群众性的比赛不能和竞技龙舟等同，比赛组别不仅要男女分组，更要按年龄分组，如少年、青年、中年、老年等，要有严格的年龄限制。同时在比赛中设立奖金或荣誉证书作为奖励，以此来激发群众参加活动的兴趣，保证龙舟运动后继有人。

最后，开展宣传教育活动。从文化自信、民族自豪感入手，居委会、村委会积极开展龙舟文化传承意识的主题活动，普及关于龙舟运动的知识，从有奖问答或知识竞赛中提高群众对龙舟的认识，并在人们心中烙下自觉传承龙舟的烙印，以此夯实群众基础。

（2）满足高校龙舟的培养需求。高校龙舟运动的发展，不能只依靠高校培养这一单一模式，只有多方合作，形成教育合力，取长补短才能有利于高校龙舟的可持续发展。目前高校龙舟队的培养可以向以下模式转型。

首先，校企合作。纵观目前国内外发展较好的龙舟队伍，无一例外背后都有强大的企业对其进行赞助，这些企业经费充足，能够保证龙舟队伍的训练不受资金问题的困扰。

其次，校俱合作。专业龙舟俱乐部竞技水平高、训练方法科学，可以帮助高校提高技战术水平，进而提高运动成绩。

最后，校地合作。由于中国龙舟发展极不平衡，受地域环境的限制，有很多高校龙舟队承担着为地方政府比赛的任务，这种合作方式是有利于龙舟发展的，不仅可以改进高校的训练条件，还间接繁荣了龙舟事业。

（3）顺应学生真实的运动意图。以人为本的基础是尊重人性。人是集动物性、社会性、政治性、经济性、文化性为一体的社会性存在，在培养龙舟队员的过程中要考虑到人性。以人为本的关键是完善人格。社会主义现代化的建设，归根结底是人的现代化建设。中华优秀传统文化的复兴，追根溯源是人的复兴。人的建设关键在人格，在龙舟训练的过程中，要将人格建设纳入其中，塑造学生的正义感、责任感、规则意识等。以人为本的实质是顺应人心，毕竟每一个人做事情都会有动机，而动机是一切行为的发端，顺应人心是解决学训矛盾的关键。要了解学生真正需要什么，根据马斯洛需求层次理论，人最终的需求是自我发展，故而要了解学生的训练意图。

高校龙舟的开展不能等同于竞技龙舟，而更像是竞技和爱好的结合体。以人为本的核心是保障人权，人权是每一个人生来就有的权利。教练员在训练的过程中要时刻观察学生，尊重学生的权利，不仅要关心学生的训练情况，更要关心学生的生活。以人为本，还要保护爱护自然环境，龙舟训练的过程中，不可避免地要涉及水域环境，要时刻注意水污染问题，不能破坏自然环境。

总之，在高校龙舟培养的过程中不仅要培养高水平的竞技人才，更要培养讲文明、知荣辱、明是非的新时代青年学子。

（4）打造多元复合的教练团队。一支优秀的运动队必须要有专业的教练员队伍指导，龙舟队伍训练内容较多，有体能训练、技战术训练、水上训练，所以靠单兵指导是不够的，必须要建立多元的、复合型的教练团队，团队之间相互配合才能更好地提高训练效果。高质量的教练团队建设是高校龙舟发展的关键环节。从龙舟运动目前的开展环境来看，只有高校能够建立起一支复合型教练团队。高校体育教师自身有扎实的专业理论知识,能够通过运动训练学、运动生理学、解剖学等多学科知识建立起一套适合实际的训练方法;有丰富的教学经验,能够有效地将理论与实践联系起来,让学生更好地掌握技战术;有较强的科研能力,能够在指导学生训练和比赛的同时不断地发现问题、解决问题,并结合龙舟所蕴含的精神内涵对学生的思想品德加以引导,潜移默化地培养学生的爱国主义、团结拼搏等精神,不断为龙舟队伍的建设提供指导。

在此基础上,可以和社会上的龙舟俱乐部和业余队伍合作,优势互补,聘请优秀的教练员来高校兼职,形成高校龙舟队、龙舟俱乐部、业余龙舟队、专业龙舟队四位一体的培养格局,为高校龙舟运动的发展开辟一条新路径。

2. 与时俱进,推进文化融合

(1)融合商业契机。

首先,必须改变纯商业化现象。既然纯商业化的运营模式不适合、不利于龙舟文化的传承,那么我们就要有改变的决心和勇气,亡羊补牢为时未晚。

其次,找到龙舟文化适合的商业模式。龙舟商业的重点不在盈利,而是为了更好地将龙舟文化传播出去,主次要把握分明。

目前,纯商业的道路肯定是走不通的,龙舟文化的发展只有两条路:一是坚持传统龙舟文化,彻底将商业摒除在外;二是推陈出新,适应时代的发展,保持传统文化本质不变的同时和商业结合。不同的道路有不同的结果,在商业化气息浓厚的今天,龙舟若是完全摒弃商业元素,必然会被时代所抛弃,所以要适当地吸收商业气息,不能一味地保守,没有经济的支持,任何传统都是传承不下来的。旅游业就是一个很好的选择,在国家政策的支持下,可以以龙舟文化为重点,将地方特色融入其中,结合高速发展的现代科技手段,创造龙舟文化景区、龙舟小镇、主题公园、博物馆等旅游产业,其中又可以以龙舟赛为核心,刺激群众的消费欲,融合龙舟技能培训、水上用品制造、龙舟主题餐厅等多种产业,满足人们衣食住行多种需求,促进可持续发展。在此基础上,应适当加大招商引资力度,将原有的零散的各景点连点成线、连线成面,实现参观、游览、体验一体化。还可以推出关于龙舟的文创产品,在我国有很多文创产品已经取得了较好的成绩。这些地方依靠本身特有的文化底蕴推出了一系列文创产品。根据成功案例,龙舟亦可借助其独特的精神内涵来打造独具特色的文创产品。龙舟竞渡、屈原精神可以通过不同的形式融入其中,给人们带来不一样的体验。因此,在政策、形势一片大好的环境下,我们应该也必须开发龙舟的商业价值,借此向全世界推广龙舟。

(2)突破界域束缚。龙舟竞渡自古以来便有地域性的特点,全球化的趋势可以使各地的龙舟文化相互交流、相互补充,对于优秀的传统文化我们要继承、要发扬。当前我国一些地区举办的龙舟竞渡,规模相对较小,而且多是自发组织,地点也较为随意,只要能够满足竞渡的需要即可,随着时代的变化、社会的变迁,龙舟竞渡活动朝着多元化的方向发展,规模也在不断地扩大,只有突破龙舟竞渡的界域限制,才能更好地促进龙舟文化的传承。

因此,自古以来的诗词绘画、近现代以来的灯会、旅游,都可以与龙舟文化相融合,究其原因是这些文化都有着顽强的生命力,承载着中华民族不可或缺的精神。唯有追寻这些轨迹,打破传统壁垒,才能更好地得到文化的反哺,给龙舟的传承以源源不断的力量。

(3)融入新兴媒体。要加大龙舟的宣传力度,随着信息技术迅速更迭,如今媒体呈现多样化,电视、新闻、微博、微信百花齐放,要顺应时代、顺势而为。龙舟文化作为中华优秀传统文化,要想传承和发扬,青少年是必不可少的主体,所以要考虑到青少年的思维方式和审美情趣,运用青少年感兴趣的融媒体,用年轻人感兴趣的方式,如动漫、游戏、电影、电视、漫画等方式，创作能体现时代精神和中华优秀传统文化内涵的融媒体产品，来传递中华龙舟文化，提高青少年接触龙舟的意识。在此过程中媒体的传播内容要全面，不仅要传播龙舟运动有关的知识，关于龙舟所蕴含的龙文化、舟文化，以及屈原所代表的爱国精神等也要进行传播。对于当代媒体传播文化的碎片化现象，是因为传播的内容不成体系，要把零散的内容进行整合，使内容更加具体、清晰。不仅要对内宣传，同样要对外宣传。名人效应其实也是供给侧结构性改革的一种方式。

3. 科学研究，走规范化道路

（1）完善器材规则。假设奥运会是一个宏观系统，各项目作为子系统，彼此之间必然存在着某种关系，有的相互促进，有的互相竞争。只有把握这种关系，才能总结出龙舟入奥的标准，并据此进行合理优化。在龙舟与各子系统的关系中，存在着竞争和排斥两种冲突。竞争性存在于同类项目，如皮划艇、赛艇等之间的竞争，如早在第八届奥运会表演赛上就已经出现过皮划艇的身影。与这两种竞技项目的差异性较小，必然会挤压龙舟在奥运赛场上的生存空间，因此，适当调整现有的龙舟比赛规则，提高龙舟的不可替代性已经刻不容缓。

（2）优化训练内容。随着高校龙舟运动的开展，吸引了众多专家学者的广泛关注。专家们对龙舟运动进行了多角度研究，既揭示龙舟运动内在的精神价值，又科学地研究龙舟运动的训练科学理论。在高校建立龙舟科研基地可以促进龙舟科研走上正轨，鼓励相关人员对龙舟训练竞赛等环节进行研究，以便提供科学严谨的训练思路；对龙舟运动员的生物学特征进行分析，可以帮助我们了解龙舟运动员的代谢功能特征和肌肉用力特征；对龙舟运动员的动力学特征进行分析，可以帮助运动员了解在划桨周期中如何做出正确动作；对龙舟运动员所需要的身体素质进行分析，可以帮助我们了解龙舟运动员力量、速度、耐力等身体素质如何训练；对龙舟技术进行分析，可以帮助我们了解鼓手技术、舵手技术、划手技术分别有什么技术要求，在技术训练过程中易犯的错误并提出纠正方法；对龙舟战术进行研究，可以帮助我们了解在起航、途中、冲刺，以及在不同的比赛中应该采取什么样的战术。每一支高水平的龙舟队伍都要有自己的训练特点。

龙舟运动源远流长、龙舟文化博大精深，龙舟队伍要想取得优异的运动成绩，就要做到守正创新，不断加大科研投入力度，使训练科学化、数据化、智能化，增强教练员科学训练、科学管理龙舟队伍的意识，在技战术层面纳百家之长用之于己身。

4. 抓住机遇，赓续文化基因

（1）追根溯源，弘扬传统文化。中华传统龙舟文化传承的根和源在于中国人民对于龙舟文化的认同和认知，龙舟与端午、屈原等传统元素有着紧密的联系，具有根深蒂固的中华传统文化基础，民众必须对这些元素有深刻的认识，才能具备文化自信。

如今，全球一体化对于龙舟文化的传承来说既是挑战，同时又是机遇。首先，经济全球化可以为龙舟文化的传承提供经费和技术上的支撑。多媒体的发展，可以将中华优秀传统文化传播得更远、更广。其次，龙舟文化可以在全球一体化背景下建立中华民族的文化自信。中华民族的传统文化自信，源于几千年前的文化积累传承、源于当今世界展现出来的朝气蓬勃、源于中华民族一往无前的光明前景。全世界所有的华人将力量汇聚于一点，所形成的磅礴之力，是传统文化传承下去的动力和信心之所在。

（2）立足当下，融入高校建设。校园文化是高校发展的精神动力，也是一所学校的灵魂和根基。它不仅可以陶冶师生的情操，还可以潜移默化地增强学生的使命感和凝聚力。根据文化三层次论，文化分为器物、制度、精神三层面。器物文化对学生起着示范和导向作用,制度文化对学生起着约束和规范作用,精神文化对学生起着熏陶和凝聚作用。虽然表现形式不一,所起的作用也难以量化,但是校园文化建设是实现文化传承的关键环节。传统的龙舟运动有着独特的民族特色。每一个地域的龙舟运动都有自己的独特魅力,这些独特之处是高校校园文化的亮点,是一所学校文化建设的品牌。这是学校的无形资产,可以扩大学校的知名度。但文化是隐形的,文化的建设需要一个活态载体,校园文化建设也是如此。高校可以开设龙舟展览会,将一些龙舟器材、奖杯、奖牌等器物进行展览,同时在展览过程中要不断挖掘龙舟运动所蕴含的精神内涵。龙舟运动所蕴含的爱国主义、团结拼搏、自强不息的精神,是中华民族赖以生存的传统美德和稳步向前的精神力量,高校在文化建设的过程中要不断挖掘龙舟运动的精神内涵。

总之,高校文化建设要以器物建设为载体,营造校园环境;以制度建设为载体,形成学校规章;以精神建设为载体,展示校风学风。通过各种活动,让师生了解龙舟运动,推动龙舟运动在高校各项工作平稳发展。

(3)展望未来,推动精神相融。奥运会是世界最宝贵的文化遗产之一,自从其诞生之日起就是所有竞技运动员为之所奋斗的目标。在激烈的对抗下,奥运会一直秉持着公平竞争的原则,追寻着"更快、更高、更强、更团结"的理念,蕴含着爱国奋斗的内涵。龙舟运动作为中华优秀传统文化的典型代表,所蕴含的精神内涵与奥林匹克的精神理念不谋而合。龙舟的精神内涵有如下几点。

第一,爱国主义。龙图腾在中国古代本身就有国家意志的象征,而自龙舟与屈原联系在一起之后,龙舟所蕴含的爱国主义精神就由官方普及到了民间。虽然屈原为国投江而死,但是他爱国忧民的光辉形象在历史的记录、龙舟的承载下得以永生。

第二，团结精神。龙舟竞渡在古代多是由村落、部族一同举办，这无疑从根本上增添了龙舟的凝聚力。近代以来，龙舟运动作为团体项目，需要所有成员的共同努力才能取得比赛的胜利。赛场上的每一个位置都不可或缺，划手需要听鼓手敲击的鼓点来划桨，龙舟前进需要划手发挥合力，需要舵手控制方向，一人失误龙舟即有偏向和倾覆之危。由此可见，龙舟较之一般的体育运动而言，更加注重团结性。

第三，拼搏精神。在崇尚儒家文化和中庸之道的古代，龙舟所蕴含的拼搏精神为广大群众注入了新鲜血液，从历朝历代对龙舟运动的记载中也可以看出，拼搏精神已是龙舟的重要标志。

通过对龙舟精神和奥运精神的深度挖掘，奥林匹克格言中所提到的"更快、更高、更强、更团结"无一不可以体现在龙舟身上。龙舟自强不息的拼搏精神正是"更快、更高、更强、更团结"最生动的脚注，同时，龙舟运动作为团体项目无疑是"团结"二字的最好代表。如今，奥运比赛已经不仅仅是运动员个人荣誉的得失，更是一个国家综合实力的较量，这与龙舟所蕴含的爱国主义思想不谋而合。因此，龙舟精神和奥运精神之间有着本质的相似之处。换言之，这种相似之处为我们推动二者深入融合提供了前提和基础。

第二节 舞龙舞狮运动及其文化传承发展

龙狮文化是指舞龙文化和舞狮文化,这两种文化在漫长的发展过程中持续演进持续发展,发展至今已经拥有广泛的影响力。以下在阐释舞龙文化和舞狮文化基础理论的基础上,对其传承与发展的对策进行阐述。

一、舞龙运动及其文化传承发展

(一)舞龙文化的理论基础

舞龙是中华民族传统的体育娱乐活动。"中国舞龙运动所践行的龙文化,高度体现了中华文化强大的凝聚力。"[①]每逢佳节、盛会,人们在广场和街头舞起龙灯,以增添欢乐喜庆的气氛。舞龙文化是我国传统体育文化的一个重要组成部分,受到历朝历代百姓的欢迎。

舞龙者在龙珠的引导下,手持龙具,伴随着音乐的进行,通过人体运动和姿势的变化,完成龙的游、穿、腾、跃、翻、滚、戏、缠、组等动作和套式,充分展示了龙的精、气、神、韵等,充分反映了龙所象征的中华民族不屈不挠的精神品质。

古时,人们认为龙象征着水,水蜿蜒曲折,所以龙也蜿蜒曲折。"龙合

---

① 马庆,段全伟. 舞龙运动文化符号学剖析研究[J]. 北京体育大学学报,2016,39(3):42-46.

而成体，散而成章，乘乎云气，而合乎阴阳。"因此，理水兴云布雨，就成为龙的一大司职。久旱之年，人们自然想到了"龙"的威力和神圣，便向"龙"祭祀求雨。龙在古时扮演的角色基本一样。

在殷商时期，甲骨文记载中便有向龙卜雨的甲片，求雨的祭祀舞蹈也是很普遍的。

发展到汉代，"舞龙"运动非常盛行，无论是规模、种类，还是制作工艺，都达到了很高的水平，在祈雨祭祀中的地位和作用也越来越重要。在这一时期，开始用"土龙"祈雨，经过多年演变逐渐扎制龙具而舞，便有舞龙的产生。随着社会的不断发展，舞龙这一形式也逐步地从祭祀活动中走出来，发生了多种变化。从时间来看，不仅是在白天，就是夜晚也有舞龙活动，于是开始在龙身上扎制灯火以照明，而有了龙灯的产生。这样本为祈雨的龙舞，经过多年的发展，逐渐演变成以消灾免难求得吉祥平安或是为了娱乐而进行的表演活动。在这一历史时期，舞龙的娱乐和观赏价值愈发凸显，在人们的日常生活中占据着重要的地位。

唐代的舞龙活动进入鼎盛时期，同时已经大体摆脱了原始祭祀活动的限制，逐步发展成为广大群众节日文化的一个关键组成部分，如在春节或者元宵节的灯会中是必不可少的。发展到现在，在国家体育总局的领导下，通过不断地挖掘与整理，舞龙活动的内涵更加丰富多彩，传统的民间舞龙已发展成为集舞龙技巧、艺术等为一体，寓身体锻炼于精彩表演之中的群众体育活动，成为增强人民群众身心健康的大众体育运动项目之一。

1. 舞龙文化的特征

（1）历史性。舞龙运动有着悠久的历史。在古代，人们利用自己的想象力，把"龙"描绘得有声有色，龙被视为吉祥之物，是吉祥喜庆的象征。古人称龙为"四灵之首"，认为它是遇水能游、陆地能走、腾空能飞的三栖动物，掌管着风雨、福祸。在古代，舞龙祭祀充分说明了广大百姓渴望风调雨顺的强烈愿望。

（2）传统性。发展到现代，龙成为吉祥和人们美好愿望的化身。自古以来，神话传说都与民族起源有着极为密切的关系，从某种程度来说，龙是中华民族的象征，是华夏儿女的图腾，每一个中华儿女都是"龙的传人"，这就形成了龙文化。在这种历史背景下，舞龙运动以旺盛的生命力一直发展到今天。

（3）民族性。舞龙运动要求舞龙者必须要具备充足的体能和出色的技巧，以及精、气、神的统一。舞龙运动具有内外合一的整体运动观，是中华传统体育项目的特色之一。舞龙运动属于中华民族传统文化的重要内容，集民俗健身娱乐等于一体，呈现出重要的民族性特点。

（4）群众性。发展至今，舞龙运动已经拓展至世界各个地区，受地域特色的限制越来越小，逐步发展成为拥有广泛群众基础的娱乐与健身活动。舞龙文化的群众性特点具体反映在这些方面：①舞龙运动不受场地、性别、人数的限制；②舞龙运动不受时间、季节的限制；③舞龙运动不受地域限制。

（5）观赏性。舞龙是一项集竞争性、技巧表演性、游戏娱乐性等于一体的综合运动。它虽然形式多样，但均以强身健体、表演娱乐为主要目的，具有很强的观赏性。

（6）适应性。在参与舞龙运动的过程中，允许舞龙者结合场地大小灵活调整练习内容和练习形式，持器械练习和徒手练习均可。和其他传统体育项目相比，舞龙运动的适应性很强，这使得舞龙文化同样具备适应性特点。

2. 舞龙文化的价值

（1）促进民族团结，弘扬民族文化。舞龙运动是优秀的中华传统体育项目，它不仅促进了各民族之间的团结，凝聚了各族人民之间的友谊，而且对外也弘扬了中国优秀的"龙文化",加强了国外对中国的了解。随着现代社会人们生活水平的日益提高,以弘扬龙文化为主题的各种民俗节、艺术节、文化节遍布全国各地,这为舞龙运动的可持续发展奠定了深厚的群众基础。

(2)推动舞龙产业可持续发展进程。随着现代社会经济的不断发展,舞龙运动已逐渐形成一种产业,走上了产业化发展的道路。舞龙产业的产生、发展始终与市场经济是联系在一起的,一方面舞龙产业的兴旺能有效地促进市场经济的繁荣,另一方面市场经济的繁荣发展又反过来推动舞龙产业的发展,进而促进舞龙运动文化在新时期的弘扬。

(二)舞龙文化的传承发展

1. 挖掘与整理民间舞龙文化

在现代社会发展背景下,我们应不断挖掘与整理民间舞龙运动,促进舞龙文化与现代社会的交融,定期不定期地组织传统舞龙比赛等,这种比赛的意义并不在于取得成绩,而在于加强文化交融,促进文化的弘扬与发展。对于置身于社会主义市场经济中的舞龙文化来说,务必要把自身发展和市场经济发展充分结合起来,同时高质量完成民间舞龙文化的挖掘和整理工作,加大对舞龙套路编排的创新力度,最终达到舞龙文化多元发展的目标。

2. 挖掘舞龙文化丰富的内涵

在传承与发展舞龙文化的过程中,舞龙运动技术动作的演变和创新发展是重要内容之一。在不断加大舞龙技术动作创新力度的过程中,也需要深入挖掘舞龙运动的文化内涵。舞龙属于中华民族优秀的传统文化,它与西方竞技体育之间存在着较大的差异,因此我们不能盲目地对舞龙文化进行竞技化发展，而要根据自身的文化特色做出一定的调整和改变，不能丢失舞龙文化本身的内涵。

3. 促进舞龙文化国际化发展

要想促进舞龙文化在新时期的发展，加强国际化推广与交流是尤为必要的。像跆拳道和空手道在世界上的成功推广就得益于其文化扩张的影响，并且跆拳道和空手道等都有一套完整的商业运作体系，我们的舞龙文化也应效仿这一途径，依靠政府的帮助和保护来获得发展。需要强调的是，舞龙运动研究者与工作者应当积极顺应社会主义现代化发展的节奏，不断提高自身的现代商业意识，为舞龙文化的传承与发展贡献力量。

4. 加大对舞龙文化的创新力度

舞龙历史悠久，其现代化发展要根植于传统文化的发展之中，但随着现代社会的不断发展和变化，舞龙文化的发展也需要与时俱进，进行创新发展。在现代社会背景下，创新可以说是舞龙现代化发展的重要基础和保证。我们要充分利用舞龙传统文化与现代社会发展的互动关系，在保留与挖掘舞龙传统文化特色的前提下，促进其与现代社会的协调发展。

二、舞狮运动及其文化传承发展

（一）舞狮文化的理论基础

我国舞狮运动的发展历史悠久，它不仅是一项传统的民间艺术，还是一项特色鲜明的传统体育项目。发展至今，舞狮运动的知名度持续提高，世界各地的很多中华儿女在春节和元宵节都会参与舞狮运动,表达自己对生活的美好祝福。

1. 舞狮运动的表演风格

在舞狮长期的发展过程中,逐渐形成了南北两种表演风格。北派以表演"武狮"为主,即魏武帝钦定的北魏"瑞狮"。小狮一人舞,大狮由双人舞,一人站立舞狮头,一人弯腰舞狮身和狮尾。舞狮人全身披包狮被,下穿和狮身相同毛色的绿狮裤和金爪蹄靴,人们无法辨认舞狮人的形体,它的外形和真狮极为相似。引狮人以古代武士装扮,手握旋转绣球,配以京锣、鼓钹逗引瑞狮。狮子在引狮人的引导下,表演腾翻扑跌、跳跃、登高朝拜等动作,并有走梅花桩、蹲桌子、踩滚球等高难度动作。南派狮舞以表演"文狮"为主,表演时讲究表情,有搔痒、抖毛、舔毛等动作,惟妙惟肖,逗人喜爱,也有难度较大的吐球等技巧。

2. 舞狮文化的主要特点

(1) 舞狮运动要求练习者积极和其他成员配合,运动过程伴随着鼓乐伴奏,呈现出鲜明的特色,所以使得舞狮文化别具特色。

(2) 舞狮文化历史悠久,其发展是伴随着社会的变迁和时代的演进而不断发展的,本身具有深深的历史文化烙印。

(3) 舞狮是中华民族特有的体育运动,深受我国各族人民的欢迎和喜爱。舞狮在长期的发展过程中,与人们的生活息息相关,是历代劳动人民对自己的民族文化、风俗习惯的一种表达形式。我国各民族独具特色的文化为舞狮注入了鲜活的生命力,促使着舞狮不断得到传承与发展。

(4) 舞狮文化具有鲜明的传统性特点。舞狮文化的传承过程与人们的文化思想、生活方式有着紧密的联系。在日常生活中,人们运用舞狮来表达自己的思想意愿，其中的传统文化思想非常浓厚，所以说舞狮文化具有重要的民族传统性特征。

（5）舞狮文化具有明显的文化性特点。舞狮属于中华民族文化的重要组成部分，其发展始终根植于中华民族传统社会的文化土壤之中，彰显着鲜明的文化特色。

（二）舞狮文化的传承发展

第一，发挥政府的主导作用，挖掘与整理舞狮文化。和我国众多传统体育文化相同，我国舞狮文化是中华民族优秀的精神文化财富，所以加强舞狮文化的传承与发展对我国传统文化的弘扬具有重要的价值和作用。在传承与发展舞狮文化的过程中，我国体育局和文化局等应充分意识到它的深厚文化底蕴，进行充分发掘与整理；政府其他相关部门要加大舞狮发展的投入力度，科学制定保护舞狮文化的法律法规，为舞狮文化的发展提供制度保障。

第二，将传统舞狮与高校舞狮联合起来发展。舞狮文化是中华民族传统文化的优秀代表，属于传统体育文化的核心内容。从很早开始，学校就充当着传播传统体育文化的重要阵地，所以在传承与发展舞狮文化的过程中同样要充分发挥学校在这方面的作用。发展到现在，高校校园文化日益丰富，我们应充分发挥校园文化这一载体的优势，促进舞狮文化的可持续发展。高校除了拥有比较完善的基础设施之外，还有丰富的人力资源，目前很多高校都已开设了舞狮课程，我们应充分利用这一优势，邀请民间舞狮艺人对学生进行授课，讲解舞狮的技术特点、套路特点等，丰富学生的见识，使学生深刻认识到舞狮文化的内涵，既对学生进行了民间传统文化教育，又推动了舞狮文化的发展，这对于舞狮文化的传承是非常有利的。

第三，定期组织和开展舞狮赛事活动。舞狮文化是我国优秀民族传统文化之一,在漫长的发展过程中牢牢植根于广大群众之中,深受各个社会阶层的喜爱。随着人们生活水平的不断改善和提高,以及余暇时间的日益增多,越来越多的人在休闲之余倾向于参加各种各样的运动健身活动,而舞狮运动本身就具有明显的娱乐健身价值,这就更易为广大人民群众所接受。因此,在现代社会背景下,我们应该定期不定期地举办各种形式的舞狮大赛来宣传舞狮运动,以吸引越来越多的人参与到这项运动之中,这样不仅可以开阔各民间狮队的视野,为他们提供交流技艺的平台,同时还能相应提高舞狮人员的技艺,这对于舞狮技能的传承是非常重要的。在当前全民健身的背景下,舞狮这样一种健康休闲、调节身心的方式,能有效地锻炼人的身体,娱乐人的身心、陶冶人的情操,能极大地丰富人民群众的精神文化生活。简单来说,积极组织和开展形式各异的舞狮赛事,对传承与发展舞狮文化有深远意义。

第三节 中华传统武术文化及其传承发展

一、传统武术运动的特征及发展创新

(一)传统武术运动的概念

武术在不同的发展时期有过很多不同的名字,如春秋战国时称"技击",汉代称"武艺",清初称"武术",民国时期称"国术",中华人民共和国成立后被正式命名为"武术"。人们对于武术也有过很多的记载,有文字记

载的古代武术中舞练形式的套路运动有"打棒""使棒""使枪""戈舞""矛舞""刀舞""剑舞"等单人和集体的演练以及"枪对牌""剑对牌"等双人对练。对抗形式的搏斗运动有"角抵""手搏""相扑""击剑""较棒""刺枪"等。

传统武术的发展，伴随和见证了中华民族文明的历史进程。因此，很有必要将武术不断发展下去，并发扬光大，这一方面有利于振兴民族文化，另一方面对于中国文化走向世界也具有重要意义。

武术是一种中华民族传统体育，以传统文化为理论基础，以技击练习为主要内容。为了揭示传统武术的内在品质，在此将传统武术定义为：传统武术是以农耕文明为诞生背景，以民间习武群落为主要依托，以"源流有序、拳理清晰、风格独特、自成体系"的拳种为基本单位的各种武术门派的总称，进而衍生出的一系列说法。

武术是我国传统的技击术，它以攻防技击为本质特征，以健身、防身、修身、养性为基本功能；它归属于传统的民族体育，有着独特的运动形式和方法；它是民族文化的一部分，是以人体运动形式表现的中国文化形态。时至今日，武术已成为我国传统文化的重要载体。

（二）传统武术运动的基本特征

在世界上的许多国家存在着众多的武技，中国传统武术与之相比既有相同或相似的地方，也有独树一帜之处。分析武术的特殊性有利于人们对传统武术有更加深入的认识，一方面能够更好地通过武术向青少年传播更多更好的民族文化、弘扬民族精神；另一方面还能够通过武术向世界人民传播中国文化。从武术的整体技术方面来讲，武术的主要特征如下。

1. 追求内外和谐

中国传统文化中的书法艺术、美术、戏曲艺术等无不体现着和谐的因素，武术也不例外。不能说其他的体育项目并不要求协调，只是说，在中国传统哲学"一天人，合内外"思想的影响下，武术所追求的是一种更高层次上的协调，即内外合一、形神兼备。内在心神意气与外在的形体动作应讲究协调一致。武术的习练者也要以此为追求，进行不断探索。

在武术的动作方面，要做到"内外六合"，即手与足合、肘与膝合、肩与胯合、心与意合、意与气合、气与力合。在武术势与势的连接方面，要做到从开始到最终的动作之间能够气势相连，一气呵成，和谐完整。此外，武术还讲究以形喻势，一旦动作协调，则"行如游龙，视若猿守，坐如虎踞，转似鹰盘"，将协调达到一个既形似又神似的境界。

总之，内外合一、形神兼备的高度和谐是武术的技术目标和不懈追求。

2. 技巧与功力互补

传统武术中既有对技巧的掌握，也有对功力的要求，二者不可缺少，共同构成了武术技术的统一整体。前面已经说到，武术的技法体系庞大，极大地丰富了技击技巧。在中国传统文化的影响下，武术技法运用得巧妙往往能够令人大为赞赏，这比单单以蛮力取胜更能令人叹服。这也是为什么会有"四两拨千斤""耄耋御众"的理论。从这一角度讲，追求技击技巧是武术在传统文化影响之下形成的一大技术特色。武术不推崇一味追求技巧而不重视基本功的修炼。只有经过不断地苦练功力，才能打下扎实的功底，避免武术成为只会追求技巧而没有实用价值的花架子。

3. 注重刚柔变化

武术讲究刚柔并济。而武术的劲力正是武术中刚与柔变化的最直接表现。

武术之劲力，并不等同于西方体育中所说的力量。它更多地包含了如何用力的技巧，以及蓄力、顺劲、柔化、刚发，要求发劲合顺完整。力量有大小之分，而劲力有刚柔之变。例如，练拳的时候，刚而不能僵硬，柔而不能软弱，太过于刚强不讲究变通，或者太过于柔弱而无阳刚之气，都不会取得好的成果；而要做到"先刚而后柔"或"先柔而后刚"反而会取得不错的效果。武术对于发力的顺序也是有讲究的，不管是腿法、拳法、掌法中，发力点、用力点都是要引起注意的地方，发力顺序中往往暗含着对于刚柔变化要求的考虑。

劲力的表现也不是单一的。例如武术中常说的，"寸劲"的爆发力量短促、刚脆；"化劲"能够将对方来劲顺势转化到利于我而不利于对方的方向，以柔克刚；"翻扯劲"发力时各关节柔活自然，放松不拘，势猛力柔，柔中含刚；"崩撼劲"先蓄后发，在刚猛之中又见敏捷轻柔。具体到拳种，其中的冷弹劲、鞭打劲、碾转劲、缠丝劲、螺旋劲、绷劲等各有其巧妙之处。实际上，每种拳种对于劲力的运用也是有要求的。其中，师傅的口传身授自然起着举足轻重的作用，有很多口口相传的内容，要用心去体会，单单依靠文字是描述不了其中精髓的。

在不同的拳种中，劲力的区别主要是刚柔的区别。例如，少林拳动作刚健有力，勇猛快速，以刚为主；太极拳动作舒展大方，意念放松，以柔缓为主；形意拳刚中含柔，八卦掌刚柔相间。长拳讲究"三节六合"，如冲拳要"拧腰顺肩"，起于腿，发于腰，传于肩，顺于肘，达于手，踢腿要"根节起，中节随，梢节追"。总之，在不同的拳种中，发力、用力的技巧有着不同的表现，体现了不同的风格，刚柔变化无穷。

武术技术很好地表现了传统文化中充满辩证思想的刚健精神，刚柔变化是武术的重要技术特征之一。

4. 多方位地表现和再现技击

提到武术，人们首先最容易认识到的就是其技击性，这往往也是多数武技的共通之处。例如，格斗、散打、短兵、长兵等，尽管为安全起见，人们已经在引入体育项目之后对它们采取了一些保护措施，限制了一些危险性的动作，但不可否认，它们在技术上与实用技击大体上是一致的；现代竞技武术套路，虽然不直接体现实战中的攻击性和伤害性，但它们的核心脱离不开踢、打、摔、拿、击、刺诸法，这些都具有技击的特点；武术中的功力练习强调训练的也是人的某一方面的技击能力，通过不同的功法内容训练提高某方面的功力。总之，不管是套路运动还是功力练习，都是以技击为中心展开的，可见，技击是武术的技术核心。

技击特点并不只是存在于武术中，但不可否认，武术的技击不同于其他，它对技击有更多方位表现和再现，这一点从其格斗、套路和功法等都可以看出来。

就套路运动而言武术的技击方法更加丰富系统，以长拳类拳术最为全面规整。在训练风格上，既有步伐稳定、攻势强烈的南拳，也有行云流水的八卦掌；不仅有猛钻硬挫势不可挡的形意拳，还有灵活柔进的太极拳，此外，还有骤风疾雨般的翻子拳，大劈大砍的劈挂拳，放长击远的通臂拳，挨膀挤靠的八极拳，闪展游击的醉拳等，不计其数。在技击的表达风格方面，既有徒手的，还有持器械的。徒手的又分为各种拳法、掌法、腿法等。持器械的又分为各种刀术、剑术、棍术、枪术等，各式各样。正是这些各种各样的技术方法造就了武术庞大的技术体系。

世界上存在着很多的格斗运动项目，人们并不陌生的摔跤、击剑、拳击等都具有技击特点，它们却没有一个能够像武术一样能够将攻防技击的特征展现得那么丰富、那么多方位。

（三）传统武术运动发展进程

1. 古代武术运动的形成

公元前221至公元960年，中国历史上经历了秦、汉、三国、两晋、南北朝、隋、唐、五代，在这漫长的历史过程中，中国武术也进一步完善与发展。

秦汉时期，随着步骑战的发展，兵器的形制、种类、质量都有较大的变化。从秦俑出土的戈、矛、戟、钩、剑、弓弩等兵器来看，有长兵、短兵、远兵等，已构成了古代兵器完整的系列。秦以后特别是两汉时期，已有成建制的大量骑兵，适合于劈砍的环柄大刀开始大量使用，逐渐把长剑排挤出去。同时还出现了攻防兼备的"钩镶"。其形制是一块较小的长方形盾，盾的中间突出一短锥，盾背面有把手，上下各伸出盾外一钩。作战时一手持刀，一手持钩镶，推镶可以御敌，勾引可以刺杀。

兵器形制的改进和新武器的发明，不仅丰富了武艺的内容，也促进了使用方法的更新和增多。还出现了把攻防动作连接起来的练习形式，即套路的雏形。据史籍记载，有"剑舞""刀舞""双戟舞"等，在成都与南阳等地出土的汉画像砖上就有这种演练形式。

从秦汉的文献和出土文物中，还可看到对抗练习的形式。《汉书·艺文志》上有"手搏六篇"。手搏也称"弁"或"扑"，是一种徒手搏斗形式。湖北省江陵县凤凰山出土的木笔，有彩绘的手搏场面：一方右手横击对方头部，另一方冲拳还击。四川新都出土的汉画像砖的"手搏图"，也形象地表现了二人拉开架势、聚精会神的对峙姿态。

对抗形式的"角觝戏"形成于秦代，发展于西汉，其规模很大。如汉武帝元封三年"作角觝戏，三百里皆来观"。角觝具有竞技和娱乐的意义，是凭体力和技巧战胜对方的竞技运动。

进入两晋南北朝后，武艺得到进一步发展。这一时期，战乱频繁，各民族的武艺得到发挥和交流，使骑射武艺受到重视，这是北方民族多骑兵的直接影响。在南方则步骑配合作战。骑兵作战更要求熟练地运用矛、矟（槊）等长兵，步兵则多用刀盾、双戟等短兵。长兵的戟逐渐减少，矟成为主要武器，其运用技巧发展较快。这一时期还增加了少数民族的杂色兵器，如鞭、锏之类。

游牧民族自古有角力的历史传统，两晋南北朝时期受其启发，使得角力开始广泛流传，为更多人所认识。考古工作中发现的石砚，这一器物的表面上有两个身强体壮的人正在角力的技艺形态，他们徒手相搏，竞争激烈。敦煌壁画中亦有相扑图，角力双方均赤裸上体，下着短裤，一方已提脚将对方按倒。

任何事物的发展变化都离不开执政者的支持和鼓励，唐朝时期武举制度的盛行直接促使武艺有了质的飞跃。武考中有射箭这个科目，其中包括平射和筒射；还有骑枪、力量负重、智力等。文举制的设立直接促使天下读书人醉心向往，同理武举制的存在也调动了习武人的积极性以及吸引更多人练武，武术在多人参与的情况下愈发盛行和丰富。

兵器技艺在隋唐五代有了进一步的发展。唐代枪成为战阵的主要兵器之一，其数量最大。中国古代历史上擅长兵器为枪的人数不胜数，像唐朝时期的尉迟敬德；五代时期的王彦章等。关于后者曾有记载，"持一铁枪，骑而驰突，奋击如飞，而他人莫能举也，军中号王铁枪"。唐代的刀有佩刀、陌刀等。弓和弩乃是主要兵器，射箭的理论也有了新成就。

隋唐五代角觝、手搏开展亦很普遍，皇帝、百姓都喜爱。《隋书》中曾提到关于武术的比赛,来自五湖四海地的习武者聚在一起相互较量比试,颇有小说中武林大会的既视感,持续时间甚至长达一个月。像角力、相扑等项目比赛时,都穿有特定的服装,袒露身体的一部分。民间武艺有了较大的发展。剑自秦汉以来,在军中基本被淘汰,只在民间发展。唐朝时期生产力水平发达,娱乐性的武艺在民间广为流传,军队中被淘汰的剑在民间的表演、演练中有了很高的发展水平。像唐朝著名诗人杜甫和姚合都有描绘过剑舞。民间尚武之风日盛,僧人习武练力常有之。僧人习武在于强身自保,使武术练习方法进一步与健身养生方法相结合,形成独特的武术练功法。隋唐时就有轻功、内功的记载。这一时期,虽然文献上关于武术的内容记载甚少,但在敦煌藏经洞幡画上却保留着一千多年前的练武图,有徒手的对练、角觚、角力和手持器械的舞剑、矛盾对打等,提供了形象的具体材料,可以窥见当时武技发展的水平。

2. 近代武术运动的发展

1840年以来,近代中国在以科技为先导的西洋文明的冲击下被迫拉开了转型的历史帷幕,伴随着西学东渐的强劲步伐,古老的中国武术同样演绎出了一首艰难曲折的转型乐章。1900年前后主要兴起于河北、山东、河南等北方大地的义和团运动在近代中国武术发展中有着重要地位,当时数以万计以传统武术拳械奋勇抗争的中华儿女展现了中华民族不畏强暴、刚健有为的传统品质。

民国初年,习武开禁,拳技之风蓬勃一时。以技击名震天下的霍元甲为该时期的代表人物。民间出现许多拳术社、武士会、武术会,其中以上海的"精武体育会"最为庞大。它在许多省设立分会,并传播到中国香港以及东南亚一带,在继承和发展武术传统上起了积极作用。中华人民共和国成立前,武术组织出现规模大小不等、组织形式多样、内容投机、商业性明显的私人拳社。

精武体育会、中华武术会、拳术研究会、中央国术馆、中央国术体育专科学校等武术组织在一定程度上促进了武术的发展。

3. 现代武术运动的发展

1949年10月1日，中华民族开始进入了一个开天辟地的新时代。武术作为中华民族文化的一部分，也开启了新的征程。中华人民共和国成立后，党和国家十分重视武术工作，把武术作为社会主义体育事业的一部分，确立为国家开展的体育项目之一。历经半个多世纪的发展过程，武术运动发生了巨大变化。从中华人民共和国成立的第一天起，发展武术事业便提上了中华人民共和国体育工作的议事日程。为了武术事业的发展，国家体委先后建立了武术科、武术处、武术研究院。自1958年成立了中国武术协会及其省市的分支机构，乃至区、县、工矿、学校、企事业基层的武术协会，自上而下地完善了全国组织机构，为做好武术工作奠定了坚实的物质基础。

从20世纪50年代国家编制推广简化太极拳、初级拳械，到20世纪90年代推广"全民健身计划"，群众性的武术活动，逐步遍及城乡、厂矿、企业、学校。老年人打太极拳，妇女练木兰拳剑，青少年习长拳，蔚然成风。

改革开放以来，武术引入市场经济，社区建立的武术馆、校、站，星罗棋布。每年举行的全国武术馆校比赛，两年一次的全国民间演武大会、武术之乡评比活动以及即将推行的"武术段位制"等必将更大地激发群众的练武热情。群众性民间武术活动与国际民间文化交流的接轨也已提上议事日程，波及世界的习武健身活动日渐扩大。国家对社区馆校推行的管理措施和制度，将引导武术走上更加蓬勃健康发展的轨道。

4. 21世纪以来武术运动的发展

21世纪武术运动的发展是一个多方面的进程，涵盖了传统武术、竞技武术、健身武术以及电子竞技等各个方面。

（1）传统武术的传承与创新。21世纪，传统武术仍然占据着武术领域的重要位置。传统武术团体和学校致力于保护和传承古老的武术传统，同时也在创新中寻找新的应用方式。这些传统武术不仅仅是一种身体训练，还包括哲学、文化和道德的教育。

（2）竞技武术的崛起。武术在竞技体育中的地位逐渐提升，如武术奥运会项目的增加和武术格斗赛事的普及。这推动了武术运动的专业化和竞技化，吸引了更多年轻人参与。许多国家都在推动武术竞技体育的发展，建立了专门的联盟和赛事。

（3）健身武术的兴起。武术作为一种身体锻炼方式在健身界也受到了热烈欢迎。武术的练习可以提高体能、灵活性和协调性，同时也有助于心理健康。健身武术课程和健身房中的武术课程变得越来越流行，吸引了广泛的受众。

（4）电子竞技中的武术。随着电子竞技的崛起，武术也在电子游戏中找到了一席之地。一些游戏中的角色使用武术技巧，因此玩家们开始学习武术以提高游戏表现。此外，电子竞技赛事中也出现了实际的武术比赛，吸引了全球观众。

（5）国际合作与文化交流。21世纪的武术运动见证了国际合作和文化交流的增加。武术爱好者和专业运动员之间的跨国交流活动不断增加，这有助于不同国家的武术风格和技巧相互融合。国际武术比赛和展示也成为促进文化交流的平台。

（6）科技的应用。科技在武术运动中的应用也得到了发展。虚拟现实和增强现实技术被用来改进训练方法和提高比赛体验。智能设备和传感器可以帮助武术运动员监测他们的练习和表现，从而改进技术。

21世纪，武术运动的发展呈现出多样性和活力。传统武术、竞技武术、健身武术和电子竞技武术等各个领域都在吸引新的受众，同时也在不断演变和创新。这个进程不仅丰富了武术文化，还促进了国际合作和文化交流，为武术运动的未来发展奠定了坚实的基础。

二、中华传统武术运动的分类及特点

（一）中华传统武术运动的分类

中华民族有着灿烂辉煌的古代文化，在这文化园林中武术这一传统文化无疑是一块奇珍异宝，它在人类繁衍生息，同人、自然搏斗的过程起到了极其重要的作用。在其发展的漫长历史进程中，它在不同的历史条件下涵盖的内容和认识也不尽相同，诠释纷纭、界定众多，直至当今武术可以此来表述其概念：以技击动作为主要内容，以套路运动、搏斗运动和功法运动为运动形式，注重内外兼修、形神兼备的中国传统体育运动项目。

中国传统的技击技术是以踢、打、摔、拿、击、刺等技击动作为主要内容，通过徒手或借助于器械的身体运动来表现攻防格斗能力的，它迥异于使人致伤的其他实用技击技术，又有着同其他体育项目相类似的强体魄、壮筋骨的健身功能，这些个性和共性将随时间的推移更为人们所接受。

就武术区别于体坛其他运动的特性而言，表现为武术有套路、技击、功法三种运动形式，其动作素材具有攻防属性。武术套路运动形式，是将一些攻防的动作、技术、技巧等按照一定的规律编串成套以供练习的方法。武术技击运动形式，是两人运用符合一定规则的攻防技术动作相互比试一决胜负的锻炼方法。武术功法运动形式，是专注于某项技能以使自身获得提升的锻炼方法。

套路、技击、功法三种运动形式都有各自的一套锻炼体系，同时又相互交融，相互为用。套路练习有助于习练者熟练掌握招式、方法，使自己的身手更为灵敏，反应迅速，在不断熟练的基础上总结出更多技巧，这样在技击时自己才能够更加娴熟敏捷、随机应变；技击练习有助于习练者不断提高自身的攻防意识，从而更好地应对对手的攻击、做好防守、果断出击，有助于提高套路运动的武术意识；功法运动有助于习练者训练提升自己的体能，从而在套路和技击运动中有良好的基础。当然，在套路和技击运动中武者的功法运动水平也会轻而易举地显现出来。武术所拥有的这三种运动形式所体现的特征，较之其他体育运动项目而言更为全面。例如，拳击、摔跤等技击形式的运动项目，不具备套路运动形式；而竞技体操类套路形式的运动项目，却不具备技击运动的攻防属性。

（二）中华传统武术的流派分类

中华人民共和国成立以后，对于武术拳种流派的普查统计才真正具备了现实可能性。流传各地的"源流有序、拳理明晰、风格独特、自成体系"的拳种上百个，其中便包括在大众中流行较广的少林拳、太极拳、南拳、形意拳、八卦掌、通臂拳、劈挂拳、八极拳、翻子拳、炮拳、红拳、洪拳、秘踪拳等。在这个由上百个拳种构成的武术体系内，有以少林拳等为象征的佛家武术，有以太极拳为反映的道家武术，也有以猴拳、蛇拳等为代表的象形武术等，堪称是一个群英荟萃的武林大观园。

所谓拳种流派，是由于武术技术的特点和风格不同而划分出的不同派别。导致这种区别的因素是多方面的，有个人身体素质、性格习惯的不同，也有行为作风、文化素质的不同。在各种复杂因素的综合作用下，不同风格特点的套路动作有了越来越多的习练者，随后逐渐完善、规范，并在不断地发展改进中流传下来，自成一派。武术功夫的养成、流派的形成也不是一朝一夕就完成的，它们都拥有自身独特的风格、技术体系，并在长久的积累下慢慢形成。

纵观历史，我国武术流派形成和发展的重要时期是明清时期。武术流派的形成并非一朝一夕之事，它需要经历漫长的发展，但流派形成这件事本身是武术运动发展的一个必然。过去武术界派别名目繁多，其受到封建社会小生产特性以及统治阶级的影响很大。中华人民共和国成立后，万象更新，武术拳种流派的面貌也焕然一新，成为服务人民大众健康、传承民族经典文化的重要载体，呈现出百花争艳的发展格局。

传统武术在逐渐发展的过程中不断变化和完善，进而衍生出了众多武术流派。各武术流派之间有着不同的武术风格和技术特点，且各有所长。简单来说，可分为长拳与短打，内家与外家，黄河流域派与长江流域派，南派与北派，少林与武当派别等。此外还有一些按照姓氏进行划分的流派，以太极拳为例，可分为陈氏太极拳、杨氏太极拳、吴氏太极拳，武氏太极拳和孙氏太极拳等。

1. 长拳与短打

长拳与短打是武术中两种不同的拳法，它们在历史、技术和应用上有着明显的差异。这两种拳法各有其独特之处，适用于不同的战斗场景和目标。

（1）长拳。长拳是少林武术中的一种主要拳法，以少林寺传统的拳械为基础形式。它的特点包括明显的节奏感、大开大合的动作、气势磅礴、快速有力以及势正招圆。这些特征使得长拳适合应对远距离的敌人或者在开放空间中战斗。长拳的技术注重于直拳、摆拳、勾拳等，这些动作通常较为张扬，具有较大的攻击范围和威力。长拳强调的是动作的舒展和力量的迸发，它常常用于表演和练习中以展示武术的美感和气势。

（2）短打。短打则强调的是动作的短促、多变和贴身近战。短打技术侧重于在非常有限的空间内迅速应对敌人的攻击，因此需要更快速的反应和更小幅度的动作。这种拳法更适用于在狭小空间中，或者需要迅速制服敌人的情境下使用，如街头自卫或者密林作战。短打的动作往往更为精确和紧凑，以最小的动作幅度达到最大的效果。此外，短打也注重使用关节技巧和控制技术，以迅速制服对手，而不仅仅是依靠力量的碾压。

长拳和短打代表了武术中两种不同的哲学和应用方式。长拳强调的是力量、气势和攻击范围，适用于开放的战斗场景。而短打则侧重于速度、精确和近身作战，适用于狭小空间或者需要迅速制敌的情境。武术修行者通常会根据具体的需求和情境选择适合自己的拳法，以提高其在各种战斗情况下的应对能力。因此，长拳和短打都有其独特的价值和重要性，它们丰富了中华武学的多样性和深度。

2. 黄河流域派与长江流域派

黄河流域派与长江流域派是用来划分中国南北方武术的一种粗略分类方法。这个分类方法是以中国两大重要河流，即黄河和长江，作为界限，根据不同地理区域的武术传承和特点来进行划分。这一分类方法并不是严格的、绝对的界定，而更像是一种概括性的描述，因为在实际情况中，各地的武术可能会受到多种因素的影响，包括历史、文化、地理等。

（1）黄河流域。黄河流域涵盖了中国的北方地区，这里的武术往往以刚猛、坚韧、直截了当为特点。这可能与北方的气候和地理条件有关，北方地区的人们通常需要更强的力量和耐力来对抗恶劣的天气和环境。因此，黄河流域派武术强调的是力量、内劲和实用性，其动作可能相对简洁而直接，注重直线推进和快速反应。

（2）长江流域。长江流域则包括了中国的南方地区，这里的武术常常以柔和、灵活、变化多端为特点。南方地区的气候相对温暖湿润，这可能影响了南方武术的发展，使其更注重技巧、速度和流畅度。长江流域派武术强调的是身体的协调性、柔韧性和技巧性，其动作可能更复杂、流畅，注重圆滑的运动和变化。

黄河流域派与长江流域派只是对中国武术的一种概括性描述，并不能完全代表所有的武术流派。实际上，中国的武术非常多样化，各地区都有其独特的传统和流派。此外，现代武术也常常融合了不同地区的元素，形成了更综合的风格。因此，在研究和实践中国武术时，理解这两个流域派别的概念是有帮助的，但也要注意不要过于简化对中国武术多样性的认识。

3. 按姓氏划分的太极拳流派

太极拳是中国传统的内家拳法之一，以其缓慢的、流畅的动作和内在的气功修炼而闻名。太极拳的发展历史漫长，不同的家族和师承逐渐形成了各自的流派，其中按姓氏划分的太极拳流派是其中之一。

（1）陈氏太极拳。陈氏太极拳是太极拳的创始流派，起源于河南温县陈家沟。陈氏太极拳强调缓慢、圆润、连贯的动作，以及内功的修炼，它的特点包括较低的马步、螺旋的力道运用以及多变的手法。陈氏太极拳有老架和新架之分，每一架都有其独特的套路和特点。

（2）杨氏太极拳。杨氏太极拳是由杨露禅创编的，起源于河北省。相较于陈氏太极拳的较小幅度的动作，杨氏太极拳的特点是大开大合、舒展和缓慢。它强调松柔、沉着、均衡，并在动作中保持平稳的呼吸。

（3）武氏太极拳。武氏太极拳由武禹襄创编，也起源于河北省。武氏太极拳强调动作的实用性和功效，注重内功锻炼和内外一致的原则。它的动作通常较为简单而实际，适合于防身和健身。

（4）吴氏太极拳。吴氏太极拳源自吴鉴泉，他的父亲吴全佑师从杨氏太极拳的创始人杨露禅。吴氏太极拳在保留杨氏太极拳的基础上进行了改进，强调松柔、连贯和流畅。它的动作相对较大，注重整体的动作协调性。

（5）孙氏太极拳。孙禄堂是孙氏太极拳的创始人，他融合了形意、八卦和太极等多种拳法的要素，创造出了孙氏太极拳。孙氏太极拳的特点包括高步活、开合有序、手法多变、伸缩有度。它强调内外一致、动静结合，适用于健身和防身。

每个姓氏流派都有其独特的特点和风格，但它们都传承了太极拳的核心原则，包括以柔克刚、以徐克急、以静制动、以内化外等。选择学习哪个流派通常取决于个人的偏好和目标，因为每个流派都可以带来健康、内在平衡和武术技巧的提升。

（三）中华武术拳种经典流派与特点

1. 八卦掌

八卦掌是中国古老的传统拳术，长期以来一直与形意拳、太极拳、少林拳并称为中华武林四大名拳，在各地广泛流传，是中国武术中的一个优秀拳种。

八卦掌是以绕圆走圈为主的奇特功法，具体如下：

（1）八卦掌的整套功法动静结合。其中之静，有静桩和坐功、卧功；其中之动，有动桩和转、换、打。一静一动，一阴一阳，很好地体现了八卦掌功法组成上的阴阳特征。这种动静兼顾的功法特征，既可通过静功的作用使习练者具有扎实的内功基础，还可通过动功的作用使习练者的功力更具有实战性。习练者在这动静结合的练习中身体和精神都能得到不错的锻炼。

（2）八卦掌的转圈是顺时针和逆时针兼顾，换式是左右完全对称的。其意为统揽阴阳，环顾八方，左右互练，阴阳相易。同时，在实战中，这种功法特点又可以使人全身协调，四方兼顾，不轻易为敌所乘。

（3）在功法训练上，其掌法有仰、俯、竖、抱、劈、撩、穿、挑，步法如摆、扣、起、落、进、退，身法、劲力如走、转、拧、翻、伸、缩、开、合、动、静、刚、柔等，总是讲究上、下、左、右、前、后相间，法含阴阳，变化多端。它以八个掌式动作为基础，然后按阴阳相配的原则组合出无数实用的散手组合，纵横联络，奇正相生，所以实用性很强，同时又可以提纲挈领，其中的规律也不是很难掌握。这便体现了八卦掌在功法结构上的阴阳之"变"。

（4）八卦掌功法的要领便是绕圆走圈，这也是它区别于其他拳种之处。八卦掌的功法无外乎站、转、换、打四个部分。通过这四部分功法的习练，习练者可以获得不同的经验。这四部分功法中的换和打实际都是从绕圆走圈中派生来的。绕圈走转同时又是加强腿力的极有效的功法，八卦掌重点训练两条腿，发挥腿的主动作用，在进退攻防的环境中，利用步法的转移闪让，诱敌扑空，出其不意，侧面迂回，突击进攻。圆形循环无端，往返无滞。在圆形转动中，自己的目标始终在转移，使对方难以击中。对方的目标常在我的圆形中心，体位转移幅度小，容易命中。在进行游身连环活步训练时，行走中不断进行各种动作变化，一动即变，一变再变，在这种情况下训练应变技能。这种功法奇特、灵活机动的转走训练，被人称为"活桩步"，更因配合呼吸，又称作"活步气功"。

2. 形意拳

形意拳以阴阳五行学说立论，以飞禽走兽的技能特长为模仿、学习的对象，象其形，取其意，由内而外取其精髓，体现了丰富而浓郁的象形取意之仿生学思想。例如，五行拳中崩拳似箭，取射物之意；十二形中的虎形，取猛虎伏身离穴之势、扑食之勇等。其各拳都以"象形取意"为拳理，古谱中所说的"行如槐虫，起如挑担"则是形意拳起落进退的基本法则之一。形意拳之十二形者：龙、虎、猴、马、鼍、鸡、鹰、熊、骀、蛇、鹞、燕；十二形拳之取意为：龙有吸水之精，虎有扑食之勇，猴有纵跳之能，马有疾蹄之功，鼍有浮水之灵，鸡有争斗之性，鹰有捉拿之技，熊有竖项之力，骀有崩撞之形，蛇有拨草之精，鹞有入林之妙，燕有抄水之巧。象其形，取其意，务需符合拳理，服务拳法。"心意诚于中，肢体形于外"，外形与内意的高度统一与结合，才成"形意"。

3. 六合拳

六合拳源于元末明初，是中国传统名拳之一。六合拳是中国武术中的一个大拳种，历史悠久，人才辈出，在全国分布比较广泛。

六合拳的名字"六合"源自道家思想，强调了宇宙的六合，即天、地、东、西、南、北六个方向的和谐统一。六合拳以其舒展大方的拳法而著称。它的动作迅速多变，具有高度的流畅性。步法清晰，能够在运动中保持稳定。六合拳注重刚柔并蓄，即在力量的运用上既有刚劲有力的一面，又有柔和流畅的一面。

六合拳强调实用性，其技法着重于实战应用。它讲究"一打二拿三摔"的原则，这意味着每个动作都可以用于攻击、制敌或投摔对手。六合拳的技法力求在实战中能够快速而有效地应对对手。六合拳注重内功的修炼，包括气的调控和锻炼。同时，它也重视外在的技术训练，如招式、步法和身法。这种内外兼修的特点使得练习者能够在实际战斗中发挥出更强大的潜力。

六合拳是中国武术中一门融合了哲学思想、优美动作和实战技巧的经典流派。它的独特特点使其在武术界备受尊重，同时也吸引了广泛的学习者和爱好者，不仅因为它的美感，更因为其实用性和内外兼修的训练方法。

三、中华传统武术文化的当代价值

（一）中华传统武术文化的健身养生价值

"中国传统武术作为全民健身的重要组成部分，利于提升公众身体素质，塑造良好的健身习惯。"① 传统武术的技击技法和套路技法本质上是一种体育运动方法。由于几乎所有体育运动都有强身健体的效益，因此传统武术的技击技法和套路技法也能够增强或保持练习者的生理功能。

传统武术的内向训练是武术爱好者的终极目标，这种内向训练具有非常高的健身养生价值。内向训练基于"无化"观念和内功功法，旨在通过"无化"训练揭示人的本真，开发人的潜能。这是一种全面和深刻的健身养生方式。人的本真潜能是无限的，即使只是达到一小部分或阶段性的目标，也会对人的工作能力和身心健康产生无法估量的价值。

传统武术的外向训练包括技击训练、套路训练、道德训练和外功功法训练，已经能够提高人的身心能量水平。人们也应该重视基于内功功法和"无化"观念的内向训练。尽管不一定都能达到彰显超验心的终极目标，但即使没有开发出明显的超常潜能，其"无化"方式本身对人的身心健康也具有重要价值，不容忽视。

（二）中华传统武术文化的制敌防身价值

中华传统武术在制敌和防身方面具有重要价值。传统武术的技击技巧具有应急性、无规则性和致命性，这些特点在冷兵器时代用于自我保护是合理的。

---

① 阎小乐.中国传统武术思想对全民健身价值取向的影响探讨[J].文体用品与科技，2023（16）：49.

现代社会的文明程度不断提高，传统武术的意义面临挑战。

在过去的冷兵器时代，个人需要依靠自己来保护生命和财产，同时也需要参与社会正义的维护。传统武术的技巧在这种背景下具备重要的作用。然而，现代社会已经进化到一定程度，个人制敌和防身的需求相对较小，社会的法律和体制能够更好地维护公平与正义。此外，核武器等现代武器的存在使得传统武术的技巧显得相对无效。

尽管如此，传统武术的价值不会完全消失。在某些情况下，个人制敌和防身仍然是必要的。而且，传统武术技巧也有助于培养个人的自律、体魄和自信心，这些品质在生活中仍然具有重要作用。因此，虽然传统武术的意义和作用在现代社会中受到挑战，但在特定情况下和个人的发展中，它仍然有其存在的价值。

1. 在保护个人安全中的价值

在保护个人安全方面，中华传统武术同样具有显著的价值。在日常生活中，个人可能会面临各种潜在威胁，包括盗抢、欺凌和身体侵害。传统武术训练使个人能够具备自我保护的技能，提高了应对紧急情况的能力。这不仅增强了个人的安全感，还有助于减少犯罪行为，因为潜在犯罪分子会考虑到潜在目标的自我保护能力。传统武术也有助于培养个人的纪律性和道德观念。武术训练强调尊重和自我控制，培养了个人的良好品德。这对于社会和谐以及个人在社会中的角色扮演都非常重要。

2. 在保卫企业财产中的价值

中华传统武术在保卫企业财产方面发挥了重要作用。在现代社会中，企业财产往往是巨大的投资，而且面临各种威胁，包括盗窃、破坏和潜在的恶意行为。传统武术通过培养员工的自我保护能力，提高了他们对潜在威胁的敏感度。武术训练还有助于增强员工的自信心和应变能力，使他们能够在危机时刻冷静应对，采取适当的行动，从而有效地保卫企业的财产。传统武术还有助于提高员工的身体素质。练习武术可以增强体力、灵活性和耐力，这对于执行各种企业任务都是至关重要的。员工身体健康的提升可以减少因疾病引起的工作缺勤，提高工作效率，从而对企业的生产力产生积极影响。

3. 在军队、公安系统中的价值

武术在军队和公安系统中的价值体现在多个方面。传统武术技能虽然在现代科技和战斗环境下已受到限制，但仍然具有实际意义。

传统武术技能拥有强大的杀伤力，是一种以制服对手为主要目标的战斗技能。这种技能在军队和公安系统中，尤其在对抗敌人时，具备十分重要的价值。尽管科技进步和战斗方式的改变使徒手技击和冷兵器格斗的角色受到限制，但它们仍然不可或缺。在某些特殊情况下，如军事侦察和罪犯抓捕，个人之间的徒手技击和冷兵器格斗可能是解决问题的唯一途径。

传统武术技能对于处理各种不同类型的对敌斗争问题也非常适用。对于非持枪歹徒，个人的技击能力至关重要。对于持枪的敌人，个人技击能力仍然有用，尤其是在突袭和近距离搏斗时。即使在面对持枪的敌人时，通过传统武术技能训练获得的反应速度、爆发力、灵敏性和战术智慧也具有隐性的重要作用。

在军队和公安等系统中，传统武术技能仍然具有一定的用途。它们不仅可以提高个体的自卫能力，还可以在各种不同的战斗情境中发挥作用，为对敌斗争提供多样化的解决方案。因此，传统武术技能在现代军事和治安领域仍然有其独特的价值。

（三）中华传统武术文化的修养道德价值

"武术运动是中国独具特色的一项传统体育项目，是传统武学艺术在当代的全新展现形式。"[①] 当今的中国正处于经济高速发展、政治逐渐开明、文化日益宽容的盛世。在这千载难逢的繁荣时刻，一些问题开始在人们中间特别是年轻一代中浮现出来，其中最典型的问题是"信仰缺失、诚信缺失与自信缺失"，即"三信精神危机"。因此，解决这一当今社会的重大问题变得尤为迫切。提高人们的道德修养是解决"三信精神危机"的关键之一。在这方面，传统武术的道德价值发挥着重要作用，因此加强传统武术的道德观念训练变得至关重要。

传统武术道德本身就是一个思想教化的方法系统，可以帮助人们改善思想认识，从而提升道德水平。传统武术道德的实际价值主要体现在将其指导应用于武术训练和实践的过程中。因此，人们不仅需要广泛传播传统武术道德的积极内容，还需要运用这些价值观来指导当代武者的训练和实践，以实现知行合一的目标。强调传统武术道德在解决当今社会精神危机中的重要性，并不是说只有在危机时才有其价值，而是要强调这些价值观对当代中国社会的普遍重要性。在无法完全摆脱自己文化传统的当代中国社会，传统武术道德的修养价值不言而喻。

---

① 李刚. 传统武术运动对体育道德观建设及民族性格的影响[J]. 兰州文理学院学报（自然科学版），2022，36（1）：100.

四、中华传统武术文化的核心内容

（一）历史渊源

中国武术源远流长，其悠久的历史可追溯至古代。通过漫长的发展过程，各个朝代和地区形成了独具特色的武术风格，为中华传统文化注入了丰富多彩的元素。这一传统的体育和武技系统早已不仅是一种战斗技巧，更是一门综合性的文化艺术。不同历史时期和地域的武术风格体现了当时社会、文化和哲学的不同特征，形成了多样而深刻的传统。

在中国古代，武术并非仅用于军事训练，同时也是一种身心修炼的方式。各个朝代的统治者和士人都重视武术的实用性和文化内涵。这导致了武术的多样性，不仅包括了外在的拳法套路和兵器技艺，还涵盖了深刻的哲学思想和道德伦理的培养。

武术的多元化体现在其分为内家和外家两大流派。内家注重内力的培养，以气的运用为主；而外家则更强调肌肉力量和外在技巧。这两者的结合使得武术既有内在的精神内涵，又能在实际战斗中发挥出强大的威力。

随着时间的推移，武术也逐渐演变为一门涵盖表演、舞台艺术和电影等多个领域的文化艺术。武术表演成为一种独特的视觉艺术，同时在电影中，武术也为观众呈现出精彩绝伦的动作场面。中国武术的悠久历史和多样化特色使其成为中华传统文化中不可或缺的一部分。无论是在实际应用上，还是在文化艺术的传承中，武术都持续为人们提供着身体锻炼、思想修养和传统文化传承的宝贵资源。

（二）哲学基础

武术与中国传统哲学体系，如道家、儒家、佛家等，紧密相连，共同构建了一种深刻而综合的文化体验。武术的理念深植于这些哲学思想之中,形成了独特的文化传统。

武术与道家哲学有着紧密的联系。道家注重"无为而治",追求自然的流动与和谐的境界。武术在实践中强调"以柔克刚",倡导顺应自然、融入自然的原则,体现了道家关于柔韧变化的理念。武者通过训练追求身体和内力的调和,以达到顺应自然、充满活力的状态。

武术与儒家思想相互融合。儒家注重人伦道德,武术在其理念中融入了对道德修养的强调。武者不仅追求高超的武技,更要具备谦虚、守纪、尊师重道等品德,将武德与仁爱、礼仪等儒家核心价值相结合。武术成为一种道德修养的手段,培养武者不仅在技艺上卓越,也在道德上高尚。

武术与佛家哲学亦有着深刻的关联。佛家强调内心的平静和超脱,而武者通过武术修炼,追求内心的宁静与专注。武术的套路练习常伴随着冥想和深层次的内功修炼,反映了佛家对内心境界的追求。武者通过武术的实践,达到超越世俗的心境,实现身心的和谐与平衡。

武术作为一门综合性的文化艺术,融合了道家、儒家、佛家等哲学思想的精髓。其注重内外兼修,以身心的和谐发展为目标,呼应并反映了中国传统哲学的核心理念。这种深刻的关系使得武术不仅是一种实用技能,更成为一门蕴含文化智慧和哲学思考的传统艺术。

(三)兵器技艺

中国武术以其独特的兵器技艺而闻名,其中包括剑、刀、枪、棍等多种武器。这些兵器技艺既是实战技能的体现,同时也被视为一种独特的艺术表达形式。

剑法作为中国武术中的代表性兵器技艺之一，强调精准的动作和迅猛的攻击。剑术既有独特的招式套路，也注重武者内在的精神修养，体现了中国武术追求武德的传统理念。

刀法则侧重于力度和刀身的灵活运用，通过各种刀法技巧展示出武者的力量和技术水平。

枪术在中国武术中也占有重要地位。枪法强调攻守兼备，通过独特的技巧和步法展示武者在战场上的灵活应变能力。枪的运用不仅是对抗敌人的有效手段，更是一种对兵器的深刻理解和技巧的体现。

棍法作为一种灵活多变的兵器技艺，通过对棍的运用，武者可以在近身搏斗中展现出出奇制胜的战术。棍的使用既有旋转挥打的技术，也包括对敌方攻击进行解构的巧妙动作，具有独特的审美和实用价值。这些兵器技艺不仅是为了应对实际战斗，更被视为一种艺术表现。在武术表演和比赛中，武者通过对兵器技艺的展示，演绎出优雅而高难度的动作，形成一种独特的审美体验。这既是对传统武术技艺的传承，也是对兵器艺术的创新和发展。

中国武术中的兵器技艺不仅是实际战斗的重要组成部分，更是一种融合了艺术表达的独特文化现象。通过对剑、刀、枪、棍等兵器的精湛运用，武者不仅展现出对技艺的精深理解，同时也传承并弘扬了中国武术丰富而多彩的文化传统。

（四）拳法套路

武术的核心之一是对拳法套路的重视，这种训练方法通过一系列精心设计的动作和技巧的组合，旨在培养武者的身体协调性、柔韧性和力量。

在武术的拳法套路中，每一个动作都具有特定的目的和技术要求。通过反复练习这些套路，武者不仅能够熟练掌握各种技巧，还能够提高身体的协调性。这种练习强调每个动作的流畅过渡和连贯性，使得身体的各部分能够协同工作，形成一种有机的整体运动。

柔韧性是武术训练中另一个关键的方面。拳法套路中的动作通常涉及身体的伸展、扭转和弯曲，这有助于增强关节的灵活性和肌肉的柔韧性。通过持续的练习，武者不仅能够执行更为复杂的动作，还能够提高身体的整体柔韧性，使其更适应各种战斗场景和运动要求。

力量的培养也是拳法套路训练的一个重要目标。在套路中，武者需要运用不同的力量，包括爆发力、持久力和对抗力等。这种多样性的力量训练不仅有助于武者在实际战斗中应对各种情况，还能够增强身体的整体力量水平。

拳法套路的练习不仅是机械性的动作重复，更是一种身心的全面锻炼。通过这种系统的训练，武者不仅能够提高自身的战斗技能，还能培养出对自己身体的深刻感知和掌控能力。这种注重细节和技巧的训练理念，不仅体现了武术对于实战技能的要求，也反映了对身体和心智的全面塑造的追求。因此，拳法套路训练成为武术文化中不可或缺的一部分，既为实际战斗提供了强有力的支持，又为武者的身心发展提供了丰富而深刻的体验。

（五）道德修养

武术不仅是一门技术性的训练，更强调了武德的重要性，将武艺与道德相结合，形成了一种深厚的文化传统。武德即武术道德，要求武者不仅在技术层面取得卓越成就，同时应在品德和道德上达到高尚的水平。这一理念贯穿于整个武术文化中，体现在武者的言行举止之中。

武术强调谦虚谨慎的品德。武者应保持谦逊的态度，虚心向他人学习，不因拥有高超技艺而傲慢自满。谦虚的态度使得武者能够不断进取，接纳他人的建议和批评，从而在武术修行中更进一步。

守纪是武德体现的重要方面。武者需遵守武术的规范和纪律，包括对师傅的尊敬、对同门的友爱，以及对武术传统的尊重。守纪不仅有助于维护武术的传统秩序，也培养了武者的责任心和自律能力。

尊师重道是武术道德的另一要素。武者应尊敬师傅，对于传统武术文化和技艺要怀有虔诚的敬畏之心。通过尊师的行为榜样，武者能够更好地理解武术的深层内涵，并从中汲取养分。

武术注重培养武者高尚的品质。不仅要求技术的卓越，更追求内心的高尚品格。武者通过武术修行，不仅是为了提升自己的实际战斗能力，更是为了在生活中展现出仁爱、正直和勇气等美德。

武术所强调的武德理念使其不仅仅是一种体育锻炼或技术的训练，更成为一种涵养品德和提升内在修养的文化形式。武者在追求高超技艺的同时，不断塑造自己的道德品质，体现了武术作为一门综合性文化艺术的深厚内涵。这种融合了技术与道德的理念，使得武术在传承中既注重实际战斗技能的传承，也弘扬了中华传统文化中崇高的道德观念。

（六）内家和外家

武术作为一门多层次的体育和文化艺术，分为内家和外家两大流派，展现了其丰富多元的特性。

内家武术强调内力的培养，着重于气的运用，通过精湛的呼吸调控和内功训练来提高武者的内在力量。这一流派注重身体内部的调和，通过内家武术的修炼，武者能够培养出强大的内力，使其在战斗中更具有深度和持久力。

外家武术则注重肌肉力量和外在技巧的发展。这种流派更强调对身体肌肉群的锻炼，以及对各种实际战斗技巧的磨炼。外家武术的特色在于强调实用性，侧重于快速而有力的动作，以适应各种激烈的战斗环境。在外家武术的训练中，武者通过反复练习各种技巧，培养出敏捷的身体反应和精准的动作执行能力。

内家和外家武术在理念和实践上存在明显的差异，但它们是相辅相成的。许多武者在实践中会将两者结合起来，取长补短，形成自己独特的武术风格。这种综合性的训练方式使武者既能够充分发挥内力的威力，又能在需要时运用外在技巧，使其更加灵活多变。

内家和外家武术流派的存在为武术提供了丰富的发展空间，反映了人们对于武术的多元理解和不同需求。无论是强调内力的深厚内涵，还是注重外在技巧的实战应用，这两者共同构成了武术文化中独特而多样的一部分。通过内外兼修的方式，武者能够全面提高身体素质，不仅在实际战斗中具备强大的应对能力，同时也体现了武术作为一门传统文化的丰富内涵。

（七）传承体系

武术传承往往以师徒制度为基础，这一方式不仅是技术的传授，更包括了对武术文化内涵和哲学思想的深入领悟。在这个传统的教育模式下，师傅不仅是技术的传授者，更是学徒在武道修行中的引导者和榜样。

师徒传承是武术文化不可或缺的一环。通过与师傅共度时光，学徒能够学到更为深刻的技术细节和实战经验。这种面对面的传授方式使得学徒能够迅速吸收和掌握武术的技艺，同时也传承了师傅的经验和智慧。

师徒传承注重的不仅是技术层面，更是对武术文化内涵和哲学思想的传授。在这个过程中，学徒需要通过深入的学习和思考，领悟武术的精神内涵。师傅会传授武术的起源、传统理念以及与中国传统文化相关的价值观念，使学徒能够在学习武技的同时，更深层次地理解武术的文化内涵。

师徒关系还强调了武术修行中的道德伦理。学徒不仅要学会技艺，还要具备谦虚、守纪、尊师重道等品德。这种道德伦理的培养使得武者在武术修行中不仅追求技术的卓越，更注重人格的塑造，体现了武德的重要性。

师徒传承构建了一个集体的武术文化社群。学徒在师傅的引导下，与同门相互学习、切磋，形成了一个互相激励、共同成长的团体。这种社群的存在不仅加深了学徒对武术的认同感，也有助于武术文化的传承和发展。

武术通过师徒传承的方式，既传递了丰富的技术经验，又弘扬了武术的文化内涵和哲学思想。这种传统教育模式使学徒在武技修行的同时，更全面地理解和体验武术所蕴含的文化智慧。师徒传承不仅是一种教学方式，更是对武术传统的珍视和延续。

（八）武术与文化艺术

武术在表演、舞台艺术和电影等领域有着丰富而多样的发展，展现了其涉足多个艺术领域的多面性。武术表演不仅是一门实用技能的展示，更被视为一种具有深刻文化内涵的艺术表现形式。

武术在表演艺术中扮演着重要角色。通过在舞台上展示各种招式、套路和武器技巧，武者能够吸引观众的目光，呈现出动人而引人入胜的演出。武术表演不仅要求武者精湛的技术水平，还需要具备出色的表演能力和舞台魅力，从而使得观众能够沉浸在精彩的武技展示中。

武术在舞台艺术中发挥着独特的影响力。舞台剧、舞蹈等表演形式中，武术元素的融入为作品赋予了更多戏剧性和动感，丰富了舞台表现的层次。武术动作的精准和力度，能够为舞台作品注入更为引人注目的视觉效果，从而吸引更广泛的观众群体。

武术在电影领域也有着显著的发展。武打片和功夫电影成为中国电影的独特风格，吸引了国际观众的关注。影片中武者通过高难度的动作和战斗场面，不仅呈现出对武术技艺的完美驾驭,还通过情节的发展展示了武术的哲学思考和道德内涵。武术电影因其独具特色的表现形式,成为中国文化在国际影坛上的重要代表。

武术在表演、舞台艺术和电影等多个领域的丰富发展,不仅为观众呈现了精彩纷呈的艺术表演,也为武术传统的传承和发展注入了新的动力。武术的多元表现形式,既满足了观众对实用技能的好奇,也使得武术成为一门融合了文化艺术和体育锻炼的全方位艺术形式。

五、中华传统武术文化的传承发展

(一)中华传统武术文化的传承者与传承方式

1. 中华传统武术文化的传承者

中华传统武术文化传承者是指对中华传统武术文化直接参与传承,使之能够不断沿袭的个人或者群体。传统武术传承者的确认过程并不简单。需要按照严格的步骤对传承人进行一系列的培养,采取不同的方式对其进行具体考核或者考察,最后以其对中华传统武术文化传承知识的数量与质量的掌握情况为依据对其资格进行最终判定。中华传统武术文化的不断繁荣与发展需要传承者的不懈努力与薪火相传,传承者是对中华传统武术文化进行保护的重要群体。

(1)传承者的作用。传统武术是我国的一项非常重要的非物质文化遗产,在对我国传统文化进行保护的过程中应该注重对传统武术的传承。传统武术的延续是通过传承最终得以实现的,中华传统武术文化的传承过程表现出动态性特征，传承武术文化的载体是人，因此加强对各种传统武术项目代表性传承人的保护是对中华传统武术文化进行有效保护的重要措施。

传统武术的延续与传承者的传承作用是紧密相连的。一般来讲，传统武术的传承者都非常珍视自家的技艺，出于一种类似自发保护知识产权的意识，他们并不会随便将自家的武术绝技传授给家族之外的人，因此传承传统武术的人一般数量稀少，而且他们所传承的武术技艺也非常精湛。中华传统武术文化的传承是需要一代一代传承者不间断地传递才能够实现，一旦中断就可能造成一门传统武学的消失。中华传统武术文化的传承人不仅可以对传统武学进行继承，同时还能够延续其发展，在此过程中还能够有效促进传统武术的发展、传播与创新。

中华传统武术文化的传承并不是一味地对中华传统武术文化进行移位或者延长，而应该在传承过程中进行去伪存真，并且进行适当的创新，这样才能够对中华传统武术文化进行有效的积累。

（2）传承者的权利。在对传承者进行评选与确定时，应该提前明确规定传承者的权利和义务。传承人具有依靠自己的技能开展相关活动的权利，这些活动主要包括讲学、学术研究、传艺以及创作等，法律应该对传承人的该项权利进行有效保护。

武术文化传承者的权利具有多样性，具体包括传艺、讲学、学术研究以及出版、表演等，法律对于这些权利的保护主要体现在民事法律和非物质文化遗产保护方面的相关制度中。中华传统武术方面的非物质文化遗产代表性传承人一旦经过国家相关部门的认定，就应该切实保护他们的收入以及生活水平，如果传承人在生活方面面临一定的困境，那么政府就应该给予他们适当的经济补贴，这样更有利于中华传统武术文化的传承。

（3）传承者的义务。在传承人合法权利得到法律相应保护的同时，传承人还应该对法律对于自身所规定的基本义务严格履行。传承人应该对自己所掌握的知识、技艺以及相关的原始资料、场所、建筑物以及实物等进行完整保存,并依法开展非物质文化遗产的展示与传播等活动。传承人应该按照师承形式或者其他方式对新的传承人进行一年一度的选择与培养,在条件允许的情况下传承人还可以通过书面著作来对中华传统武术文化进行相应的传承。传统武术的传承人应该严格履行法律规定的相关义务,将个人技艺向后人传授,特别是享有国家经济补贴的传承人更应该自觉自愿地传授自己的传统技艺。

2. 中华传统武术文化传承的方式

中华传统武术文化的传承方式有很多,常见的包括以下方式:

(1)口传心授。口传心授是中华传统武术文化传承的一种最重要的方式。口传心授的含义包括口传与心授。具体而言,口传是授技,心授则是授法,两者的侧重点是不同的。口传注重"形",强调传授习练方法、表现手段、演练技巧;心授则更加注重"悟性",这需要人们之间进行情感、心灵方面的沟通。

(2)身体示范。身体示范与人们平常所说的言传身教意思相近,其与口传心授的区别主要表现在,口传心授较为注重内在的悟性,而身体示范则是直接进行外在动作套路的教授。身体示范作为中华传统武术文化的重要传承方式,其主要是先进行言语方面的讲解,然后再进行技术动作的演练。通常来讲,身体示范包括功力训练、套路演练、实战技击等身体文化内容,通过各种外在的形体活动将武术中各种技巧、方法、哲理、美感等更好地体现出来。

(3)观念影响。传统武术的传承不仅是技艺方面的传承,同时还包括武术德行方面的传承。观念影响能够让习武者感受到传统武术的武德熏陶,使其成为合格的习武之人。一般来讲，观念影响这一传承方法包括两个层面的含义：①宏观层面的观念影响；②微观层面的观念影响。如果人们在习练传统武术的过程中能够形成积极向上的风气，那么这就会对参与其中的人施加积极的影响，这就是所谓的宏观层面的影响。在微观层面，观念影响主要指的是师徒之间在教授技艺的过程中，通过师父的启发、训导、以身说法等方式向弟子传输道德方面的规范。

（二）中华传统武术文化传承的原则与形式

1. 中华传统武术文化传承的原则

（1）客观性原则。中华传统武术文化传承的首要原则就是客观性。在传承实践中，有的武术馆校传播的内容不切实际，导致其生源越来越少，影响传统武术的传承和发展。

（2）古已有之原则。古已有之的事情具有一定的合理性与合法性。中华传统武术文化的传承也要遵循古已有之的原则，追根溯源，理清自己的脉络，找到自己的位置。

（3）文化性原则。中华传统武术在传承过程中，一般会遵循以德为先、注重传承人的悟性和拜师程式，这就是比较完整的文化空间。只有有了完整的文化空间，中华传统武术文化才会源远流长。

（4）渐进性原则。循序渐进是文化传承的基本规律，中华传统武术文化的传承也要遵循该规律。比如，中华传统武术要成为教育领域的内容，就要经历小学、中学、大学逐步渐进的学习过程。

2. 中华传统武术文化传承的形式

一般来讲，中华传统武术文化传承的典型途径包括以下形式。

（1）群体传承。群体传承是指通过众多社会成员共同参与的传承，他们在练习武术套路或者招式的基础上，继承祖先们遗留下来的优秀成果的基础上，加以创新和发展。比如太极拳，通过群体传承，太极拳的技术和理论已经得到了质的飞跃。而且在传承太极拳的过程中，很多学者都做出了巨大的贡献。群体传承尤其在武术规则的制定和遵守方面表现突出。我国传统武术门类中，有很多招式和拳术都是通过群体的共同努力获得的，这些优秀成果又通过群体的继承和发扬，闻名于世。其中，群体传承可以表现为两方面：①武术技术的传承；②武术观念的传承。

（2）家庭传承。家庭传承就是师徒传承，指在家庭或者家族范围内进行传授和修习，从而实现对中华传统武术文化传承的目的。这里的家庭传承并不仅指那些具有血缘关系的家庭，不是血缘的家庭、师徒也可以，尤其是师徒传承最为明显。家庭传承作为传统武术传承的重要途径，是与中国传统文化思想分不开的。

中国一直以来都比较注重家庭，从原始社会的氏族开始，家庭关系就一直备受关注，这就相应地形成了以家庭为单位的生产组织形式得以存在和发展。值得强调的是，家庭传承模式具有封闭性、凝聚性和选择性三个特点：①封闭性是指家庭传承不承认一切与其背道而驰的文化，具有强烈的排他性；②凝聚性是指家庭内部成员形成一个团体，关系紧密，有凝聚力；③选择性是指传男不传女、立长不立幼。

（3）学校传承。学校传承是指在校园中传承中华传统武术文化，这是一种新的传承模式。换言之，将武术内容作为校园的教育内容，与家庭传承方式相比，学校传承有利于培养优秀的传承人才，扩大传承范围。再加上国家和地方对学校传承武术文化的重视，无疑为学校传承武术内容提供了契机，是中华传统武术文化得以传播和发展的最主要的途径。

（4）社会传承。社会传承是中华传统武术文化传承的最有效的途径。社会传承就需要营造出一个有利于传承武术文化的社会氛围，如可以用传统媒体和现代媒体作载体，让更多的武术爱好者能够熟知、欣赏和感受武术文化的魅力，主动加入传承武术文化的队伍。在社会传承中，媒体起到了重要的推动作用。

（5）书籍传承。武术的传承模式中，武术经典著作和拳谱扮演着不可或缺的角色，成为武术文化传承的一道重要桥梁。许多武术大师深感责任重大，将自身的心得、经验以及理论凝结成经典之作，为后人留下宝贵的武学智慧。这些武术经典著作旨在将武术技艺传承给后代，不仅详细记录了各类招式、套路的技术要领，更包含了武者在修炼中的心得感悟。通过书写这些经典，武术大师不仅将个人的武学造诣传承下去，也在文字中蕴含了丰富的哲学思想和文化内涵。这些经典著作不仅是技术层面的传承，更是对武术背后深邃哲学思想的系统记录。武者在实战技能的背后，融入了对于生命、道德、宇宙等方面的深刻思考。这种哲学性的内容不仅拓展了武术的内涵，也为修行者提供了更为宽广的精神层面。

通过书籍传承，武术文化得以系统地记录和传承。这种传承方式超越了时间和空间的限制，将武术的精华永远留存在文字之中。后来的一代可以通过翻阅这些经典著作，仿佛置身于大师的亲传之中，领悟到其中的奥妙。这样的传承方式不仅为武者提供了独立学习的机会，也为广大学子提供了深入了解武术文化的途径。

在现代科技高度发达的今天，这些武术经典著作也通过数字化、电子化的手段得以更广泛地传播。电子书籍、在线教程等方式使得这些珍贵的文化资料得以更为便捷地传承。同时，这也为世界各地的武术爱好者提供了更为便捷的学习途径，促进了武术文化的国际传播。

武术经典著作和拳谱通过书籍传承，为武术文化的传承提供了深刻而全面的途径。这些文字作品不仅记录了技术层面的传承，更蕴含了武术的哲学思想和文化内涵，为后人提供了一扇深入了解和学习武术的窗口。这种传承方式超越了时空的限制，是中华传统武术文化丰富多元的传承模式之一。

（6）影视传承。在现代社会，随着科技的飞速发展，影视作品已成为武术传承中一种至关重要的媒介。武侠小说、武术电影以及电视剧等作品，通过丰富的视觉和听觉表现形式，向广大观众生动地展示了武术的精髓。

武侠小说作为文学形式，以其扣人心弦的叙事和生动的描写，将武术的技巧和哲学融入情节之中。这些小说不仅激发了读者对武术的浓厚兴趣，也通过文学的表达方式，使武术的传承不再局限于实际操作，而延伸至丰富的想象力和创造性思维。

武术电影和电视剧则通过影像化的手段将武术呈现得淋漓尽致。经典的武打场面、高难度的动作设计，使观众能够直观地感受武术的威力和美感。这种视觉上的冲击不仅让武术技艺得以生动呈现，同时也激发了观众对武术文化的好奇心和向往感。

一些著名的武术影星更是通过他们在影视作品中的出色表演，成为武术文化的代表性人物。他们的形象不仅是技艺的展示，更是武术文化的传播者。通过他们的影视作品，武术不再是一种古老而陈旧的技能，而是焕发出现代的活力和魅力。这些影视作品在武术传承中发挥着积极的推动作用。首先，它们拓宽了武术传承的受众范围，使更多人能够了解和感受到武术文化。其次，通过精彩的表演和引人入胜的情节，这些作品激发了年轻一代对武术的热情，推动了武术传承的延续。同时，一些电影和电视剧的制作团队也会聘请专业武术指导，确保影视作品中的武术呈现更为真实和精准。

随着现代科技的进步，影视作品已经成为武术传承中一种不可或缺的媒介。通过武侠小说、武术电影和电视剧,以及著名武术影星的表演,武术文化得以在更广泛的范围内传播,激发了观众对武术的热情,为这一古老而深厚的文化注入了新的活力。

(7)国际交流。随着全球化的蓬勃发展,中华传统武术文化正在通过国际交流的方式得以传承和发扬。一些杰出的武术大师积极赴外,将中华传统武术的独特技艺传授给世界各地的学员,为武术的国际传播添上浓墨重彩的一笔。这种跨越国界的传承方式不仅是武术技艺的输出,更是中华传统文化的一种国际化呈现。

武术比赛和交流活动成为中华传统武术文化走向世界的重要途径。国际性的武术比赛汇聚了来自不同国家和地区的武术高手,通过竞技和表演,展示了中华传统武术的丰富内涵。这种形式的交流不仅是技艺的较量,更是文化的碰撞和对话,促使中华传统武术在国际上树立起独具魅力的形象。

国际学员通过学习中华传统武术,获得了更为广泛的武技认知。他们不仅能够掌握实用的武术技艺,更能够领略到其中蕴含的中国传统文化的博大精深。武术作为一门艺术形式,融入了中国古代哲学、道家思想、中华武术精神等多重元素,通过学习武术,国际学员有机会深入了解中国传统文化的深邃内涵。

国际交流促使中华传统武术文化在全球范围内得到认可和推崇。通过跨国界的传承和互动,中华传统武术文化不仅仅是中国的独有文化,更成为世界文化的一部分。这种跨文化的交流为中华传统武术注入了新的活力,推动了传统文化的创新和发展。

（三）中华传统武术文化传承的模式与意义

1. 中华传统武术文化传承的模式

各种文化的获得都离不开教育，中华传统武术文化也一样。中华传统武术文化的传承就是一种教育活动的开展，只不过这种教育活动比较独特而已。通过教育，传统武术的技术和文化才能够保存和发展。传统武术进入教育领域之后，应使其教育过程成为文化的解读过程，除了有健身娱乐和休闲层面，还要有文化传承和审美层面，使传统武术教育集文化、艺术、体育于一身。现如今，传统武术教育首先是民族文化的熏陶和教育，然后是民族文化的学习和积累。

2. 中华传统武术文化传承的意义

文化传承的意义就在于其对人类社会产生积极的影响和功能作用，通过对社会个体的权利义务进行确认和调整，约束和控制社会群体，从而实现社会组织结构的生产和再生产。中华传统武术文化传承的意义，具体表现在以下方面。

（1）促进传统武术技术与文化的发展。中华传统武术文化的传承，其重要功能就是承接和传播文化，使武术技术与文化共同传播并与其他文化相互影响。不论是武术技术的纵向传承还是横向传播，都能使武术技术与文化得到保存与发展。

（2）促进传统武术技术之间的交流和发展。中华传统武术文化的传承能促进不同的武术技术和文化的交流，并且在交流中产生新的武术技术。武术技术在传承中形成了不同的流派和拳种，说明了传统武术本身的强大适应性。

（3）促进民族传统文化的发展。传统文化是一个民族的核心要素，传统文化的传承是民族共同体形成和发展的重要机制。中华传统武术文化是中华民族传统文化遗产的一个重要部分，是我国乃至世界文化中的瑰宝。对传统武术项目进行拓展和延续，将会大大推动我国文化事业的发展。

（四）中华传统武术文化传承的环境与文化空间

1. 中华传统武术文化传承的环境

传统武术传承人的生活和成长受到不同社会环境、自然环境的影响，因此中华传统武术文化传承的过程也必然受到自然环境和社会环境的影响。但归根结底，武术文化传承环境的类型主要包括以下方面。

（1）传承单位。面对中华传统武术文化通过非物质文化遗产申报成功的消息，承担起传承中华传统武术文化的单位也雨后春笋，但是一些关于中华传统武术文化保护的提议一般是由"代表性传承单位"来发起的，这从另一侧面反映出，还存在与"代表"相反的单位，即"普通"，这两种传承单位的中心任务是一样的，就是存在普通与专业的差距，要想成为具有代表性的传承单位就需要满足以下要求：

第一，传承单位始终会以传承和保护中华传统武术文化为宗旨，并为其实现开展丰富多样的武术比赛和节目表演。

第二，传承中华传统武术文化的传承人必须要掌握精深的武术理论知识和武术技术、技法，而且自主地开展一系列有关武术传承的活动。

第三，拥有丰富的武术资源，尤其是有关传统武术发展的原始资料和实物，并且在科学研究方面取得过突出成就。

第四，不管是在群体中还是一定范围内，都具有深远影响意义，并且赢得广大群众的一致认可。

（2）传承基地。传承基地也是影响传统武术传承的重要因素，在众多的传承基地中，学校是最简单、收效最快的传统武术传承基地。学校作为武术传承基地，从2007年武术被列为国家非物质文化遗产时，就得到了迅速的普及，国家不仅要求学校将武术的课程内容作为必修课，而且还增加了武术的课时、学时等。但是学校对于传承人的培养却不是最佳选择，由于学校不是终身制的，学生一旦离开学校，以后从事的工作不是武术时，那么传承就会到此终止，这也是学校相比其他传承基地最大的不足之处。但这一弊端可以通过借鉴优秀的城市和西方国家的经验予以弥补，如以传承单位为核心适当进行外延，这样一些学校的武术系就可以传承单位为核心申报成武术传承基地，继而顺利实现对传统武术的保护与传承。

（3）文化生态保护区。建立文化生态保护区就是指对传统武术中涉及的所有人、物、环境进行整体的保护，但是由于涉及的范围过于广泛，具体实施起来非常棘手，因此在此方面的研究，我国仍处于探索阶段。传承单位与中华传统武术文化生态保护区虽然都是对传统武术传承环境进行保护的一种方式，但是两者存在着明显的差异。后者的灵活性相比前者来说较差，而且还要受到诸多因素的制约。尽管生态保护区不会像"武术之乡"那样严格，但是一旦成立了就会按照相关的规章制度执行。"武术之乡"大都通过举办武术比赛或者武术表演活动来加快对传统武术的传承，但是由于"武术之乡"的成立没有严格的规章制度和保护措施，人们都还是比较倾向于选择建立武术生态保护区。

传统武术环境的传承过程需要具有代表性的组织和团体形成传承单位，然后建立具有传承价值的特定区域——传承基地或者生态文化保护区，通过以传承单位为核心向外辐射的方式，顺利完成传承武术文化的工作。

2. 中华传统武术文化传承的文化空间

（1）中华传统武术文化空间的内涵。文化空间也被叫作文化场所，主要是指人类口头与非物质遗产代表作的形态和样式，是由联合国教科文对非物质文化遗产保护使用的专有名词。因此，文化空间也只能作为非物质文化遗产的专业用语而出现。

文化空间就是指对非物质文化生存的空间和时间进行有效的保护和传承，是传统文化活动以及民间文化活动得以发展的空间和时间，这些活动都需要受到一定社会客观条件的制约。因此加强对中华传统武术文化的传承也就是对武术发展的空间时间进行保护。文化传承的前提必须要从整体的角度展开，这既是传承中华传统武术文化的必然要求，又是当代武术文化保存和发展的重要依据，即包括对武术技术和武术文化全部内容与形式的传承。只有将文化不断地传承下去，文化才能不断地得到自我完善和提升。作为传统文化的有机组成部分，传统武术既是民族文化的代表，也是影响中国文化事业发展的重要部分，对其进行传承是文化界和武术界的大事。

我国传统文化不仅具有文化价值，还具有艺术价值，因此中华传统武术文化传承过程也必然是整体的、全面的。目前中华传统武术的传承方式大都以学校传承为主，尽管这一传承方式具有积极的作用，但是从技术层面而言，学校传承是培养不出"传人"的。因此，武术的传承一定要经过"口传心授""身体力行"，在不断地练习和发展中才能真正实现武术文化的保存和传承。这就需要当前的武术传承者引入武术文化空间概念，只有对武术文化的有价值的生存空间和时间进行了有效保护，那么传统的武术文化才算是真正得到了切实的发展。

（2）中华传统武术文化空间的保护原则。

第一，完整性与真实性。武术文化空间的保护，需要遵循内容完整性和真实性的原则，这就需要传承者对武术空间进行整体的保护，不能将武术内容割裂开来，进行片面的、单一的保护。这样不仅容易损害武术空间的整体性，而且不利于传承和发展武术空间，对传统武术的发展是不利的。武术文化空间里的文化形态和文化样式都具有真实性和可靠性，是祖先们通过长期的社会实践创造出来的，因此武术文化发展的历史也必然具有真实性，必须要遵循客观发展规律，不得随意对其进行改革。

第二，生态性与生活性。文化空间的存在必然与一定的地理、环境和生态有紧密的联系，这就导致了文化无形中具有生态性的特点，因此在对中华传统武术文化空间进行保护中，还要加强对其自然生态和文化生态的保护。中华传统武术文化的产生一定离不开社会生活方式以及民风民俗的影响，因此对武术文化生存的空间进行保护，就是对其自然生态和文化生态的保护。非物质文化遗产是动态的、实践的、活态的，与人们的日常生活紧密相连。因此，如果非物质文化遗产脱离了现实生活，就会缺乏实践性，否认客观规律发展的事物是不存在的，这样就会沦为供人观赏与表演的纯粹的形式，缺乏生命力。

第三，动静结合。动静结合是指在保护中华传统武术文化空间中的动态文化、演示艺术的过程中还要与武术发展所产生的环境、历史背景、器物等相结合，从而实现文化空间的动静结合。因此，在对中华传统武术文化空间的保护中，只有坚持动静结合的原则，才能使中华传统武术文化得到长足的发展。

（3）武术文化空间保护的措施。

第一，申报联合国"人类口头和非物质文化"遗产，通过申报联合国"人类口头和非物质文化"遗产，不仅可以增强本民族人们对自身文化的自豪感，这有利于加强全世界对中华传统武术文化的理解和认同，更重要的是还可以增强人们对本民族文化的保护意识。

第二，加强对中华传统武术文化传承人的保护。传承人作为中华传统武术文化传承的主体，对于传统武术是否能够得到延续和发展至关重要。中华传统武术文化空间具有整体性、实践性、动态性和生活性，因此更需要人与人之间动态传承才能确保中华传统武术文化得到继承和发扬。对传承人的保护是中华传统武术文化空间得以保留和发展的关键因素。

第三，加强对"农村武术"的重视。由于我国传统武术产生于人民的日常生活中，因此武术也多流传于民间，尤其是广泛分布在农村地区。尽管中华传统武术文化受到了西方体育文化的影响，但是农村的武术文化受到的影响相比城市来说要小一点，这就为传统武术的传承和发展提供了良好的条件。因此，加强对农村武术文化的重视，不仅可以保存大量的原生态武术文化，而且对武术空间的整体性发展具有重要意义。

（五）中华传统武术文化传承的保护管理与对策

1. 中华传统武术文化传承的保护管理

（1）保护中华传统武术文化的紧迫性。纵观当前中华传统武术文化传承的现状，即使在某些方面获得了初步成效，但是在很大程度上还面临着诸多挑战。具体来说，我国中华传统武术文化工作面临的挑战如下。

第一，传统武术传承的断层。随着中国与世界文化的不断交流与融合，西方国家体育文化在中国得到不断提升和普及，这无形中给中国传统文化的传承带来了巨大的挑战。中国传统武术运动产生于农耕时代，起初用于劳动人们获得生产资料和保护自身不受伤害，具有明显的攻防性、技击性特点。随着社会的不断发展，这种技击性和攻防性特点已经不能满足现代人的生活需求了，其实用价值逐渐消失。再加上西方体育文化的不断入侵，更加剧了中华传统武术文化发展和传承的进程。因此,加强中华传统武术文化传承是时代发展的必然要求。

在瞬息万变的社会中,迅速构建属于本民族的文化体系是相当困难的。在满足人们日益增长的精神文化需求背景下,传统武术的价值也发生了根本性的改变,但是适应新时代发展的价值体系还没有建立起来,这就导致了传统武术很难在新时代发展中生存和发展,给我国传统武术的保护和传承带来了巨大的挑战。因此,加强对中华传统武术文化传承刻不容缓。

第二,与西方体育进行交流的迫切形势。在全球化经济不断发展、西方体育文化占主导的环境中,中华传统武术文化要想获得一席之地,就需要不断完善自身。由此,我国的传统武术工作者在武术竞技化方面做出了大胆尝试,而且还卓有成效。尽管传统武术在自身方面进行了很多改革,但是仍有诸多问题亟待解决。要想使中国传统文化得到长足的发展,就需要本民族文化在面对西方文化的影响中,立足自身、完善自身、不断丰富理论体系,从而确保中华传统武术文化的大发展和大繁荣。

(2)保护中华传统武术文化的主要措施。

第一,对中华传统武术文化遗产进行明确的定位。传统武术的实用价值受到了影响,但是其在当代中所具有的健身价值和审美价值是任何体育项目无法替代的,这对于现代体育发展来说具有非常大的现实意义。当前传统武术在传承与发展中不仅面临着诸多问题亟待解决,而且传统武术的保护工作也没有取得突出的成就,中华传统武术文化正在不断走向边缘化。

在对传统武术进行发掘和整理的过程中,应该从与时代发展相结合以及能够满足广大人民群众审美意识和审美需求上着手。具体来说,传统武术要突出体现健身与养性两个价值,从而与时代全民健身运动相吻合。从观念上入手,要明确中华传统武术文化传承的重要作用,从而能够自觉地、积极地投入对传统武术的改革与创新，使中华传统武术文化工作落到实处。将中华传统武术文化的深厚内涵作为保护和传承武术文化的重点内容，从而满足非物质文化遗产传统武术与《保护非物质文化遗产公约》的相关条约与精神相契合。

第二，制定切实可行的武术发展模式。当前，随着西方体育竞技性运动在我国的普及，中国的传统武术也开始向竞技性武术靠拢，导致传统武术与竞技武术存在严重不平衡现象。因此，要及时纠正和改变这一错误的发展模式。需要明确传统武术与竞技武术的关系，两者对于传统武术的发展至关重要，不可偏颇，必须在继承和创新传统武术的基础上发展竞技武术。因此，当前在中国传统武术传承和发展过程中，应遵循整体性原则，充分体现传统武术和竞技武术的魅力，从而促进传统武术的全面性保护。

面对西方国家体育运动的优秀成果，要取其精华，去其糟粕，创新发展。但是当前我国在传统武术发展上却是全盘吸收，这种做法是不利于传统武术的发展的，而是需要有选择性地吸收借鉴，从而推动本国传统武术的发展。除了要借鉴西方体育优秀成果，中华传统武术文化还要将自身价值充分挖掘、展示出来，这样才能既保留民族特色又具有时代性，满足大众的需求。

结合中华传统武术文化的相关市场进行传统体育文化的开发与保护，这就需要国家在进行中华传统武术文化产业发展的同时，注重将传统文化的自身价值充分挖掘出来。中华传统武术文化的传承过程是循序渐进的，因此要避免一切急功近利、唯物质的不良行为。同时传承者要用发展的眼光看待问题，自主地开展一系列有关武术宣传的活动和比赛，从而促使中华传统武术文化保护工作收到成效。

第三，构建保护中华传统武术文化的完整体系。中华传统武术文化的保护和传承过程是漫长、艰巨的，因此需要传承者付出更多的时间和精力来完成。在发展传统文化的过程中，传承者需要对武术文化进行深入的分析和总结，从而构建一套系统的保护体系。

在中华传统武术文化传承与保护中，需要坚持科学的现代化理念，只有这样才能确保工作朝着正确的方向进行。当前中华传统武术文化的保护和传承方式比较单一，因此需要对传承方法加以改革和创新，但是并不是全盘否定传统的传承方式，而是需要有选择地借鉴和使用。作为中华传统武术文化传承的主体——传承者，在这个过程中起着主导作用。因此，要想将传统武术传承和保护工作落到实处，就需要不断加强对人才队伍的建设，从而选择一批武术专业知识过硬且武术技术精湛的传承者。

第四，规范并加强中华传统武术文化方面的法律建设。不断加强对传统武术传承者知识产权的保护，传统武术是凝聚了劳动人民的心血和智慧而创造出来的，而且是民间技艺，具有很高的实用和观赏价值，古代的传承方式也多选用师徒传承（家庭传承），只传男不传女，这在很大程度上限制了传统武术的传播与发展。但是这种传承方式，用现代观念理解，也是民间保护专利的一种方式。同时，中华传统武术文化在当前的传承与保护中仍存在着诸多问题需要解决，这就更加需要国家积极倡导对武术知识产权的保护，从而使传承者自主地、积极地投入到传承武术文化的行列中。

2. 中华传统武术文化传承的保护对策

（1）加强政府重视。充分发挥政府职能，从而将中华传统武术文化传承工作落到实处。主要措施包括：①政府需要提供优惠的经济政策，以资金、人力和物力加以引导；②利用传播媒介，加大电视、电影、网络、报纸以及杂志对传统武术宣传的范围和力度；③不断丰富武术资源，加紧对传统武术史料挖掘、整理和理论研究的工作，从而为传统武术传承提供一套系统的理论依据和支持；④鼓励高校采用多种途径和方式加强对传承者的培养，从而为传统武术的传承提供一批专业知识强、文化修养高以及教学能力水平高的传统武术教师。传统武术作为非物质文化遗产，在传承中传统武术的文化内涵、先人们的经验、智慧以及武术训练方法等都是人们看不见、摸不着的,它并非像物质文化遗产那样能够真真切切地呈现在大众的眼前,这就加剧了传统武术传承的困难。因此,这就需要充分发挥传承者的作用,通过一系列的动态性传承方式,顺利完成中华传统武术文化的保护和传承。

(2)加大国内推广。

第一,加大传统武术进学校的力度,并将武术教学内容作为小学、中学、高中和大学的必修课程,从而促进传统武术在学校教育中的普及。

第二,组织传统的武术比赛和表演节目,使人民认识到传统武术强身健体、修身养性的作用,自觉地、主动地参与到学习传统武术的行列中。

第三,在国家的军队、公安、武警和保安等部门加强对传统武术专业知识和专业技能的讲授,从而使战士更好地保家卫国、维护人民的生命安全。

第四,明确传统武术比赛的规则制度,建立科学合理的传统武术段位制。既要注重对传统武术的发展,又要加强传统武术竞赛人才的培养,使两者共同发展,共同进步,以免出现不平衡的现象。

(3)物质化传承。中华传统武术文化传承的过程是从两个方面进行的:①对物质文化的传承;②对非物质文化的传承。两者并不是独立存在的,它们是同一事物的不同方面。传统武术中拳术、器械以及服饰等,这都属于物质文化遗产,而练习方法、技艺使用规则属于非物质文化遗产。因此,在中华传统武术文化传承中不仅要注重对武术物质文化的传承,还要强调武术非物质文化的传承。对非物质文化遗产的传承,除了可以进行物质化传承,还可以通过多媒体记录的方式来进行再现,从而加快对中华传统武术文化的传播和保存的进度。

(4)整体传承。中华传统武术文化不仅包含一系列的技能技术体系,而且还具有完整的生存环境,因此在传承过程中,一定要遵循整体性原则。任何一件非物质文化遗产，都是由众多的技艺和技能所组成的。因此，只强调对某一部分内容的传承是片面的，不利于非物质文化遗产完整的保存下来。传统武术在几千年的发展变化中，不仅涵盖了中国人的审美情趣、价值取向、人生观和道德观，而且还有不同门派的拳种、拳术与器械武术，它们一起构成了传统武术完整的技能体系。传统武术来源于日常生活实践，与人的生活环境和社会环境紧密相连，如果传统武术的传承脱离了这些生存环境，那么传统武术也会沦为形式，将变得毫无意义。

（5）原生态传承。任何文化的发展都要历经两个阶段，第一个阶段是"原生态文化"，第二个阶段是"次生态文化"。其中"原生态文化"就是指祖辈们留下的精神财富保留至今，且没有经过任意改动的文化遗产。"次生态文化"就是在继承先人的基础上根据自己的实践经验加以改造和创新的文化遗产。在体育文化多样化发展的背景下，传统武术已经出现了异化，有了西方长拳的味道，中华传统武术文化正面临着巨大的挑战，在此情况下，加大对传统武术"原生态文化"的保护刻不容缓。

（6）自主化传承。作为传统武术传承的重要部分——传承人，更需要在传承中自觉地、积极地将自己毕生所学毫不保留地传给后代，这样才能较好地保存传统文化。政府、企业、学界以及新闻媒体也可以在传承中提供些帮助，但前提是必须要遵循武术传承发展的客观规律，尊重传统武术的自主化传承，只有这样才能事半功倍。

（7）优先保护濒危项目。在传承的过程中，难免会遇到传承人断层和传承环境遭到破坏的问题，一旦问题出现，传统武术项目就会濒临灭绝。因此，为了更好地保存传统武术丰富多样的优秀成果，相关部门一定要对当前中华传统武术文化的发展现状有一个全面的认识，只有这样，才能在遇到问题时具体问题具体分析，挽救那些濒危的武术项目。

（8）在传承中发展。中华传统武术文化传承要坚持在继承中发展，在发展中继承的原则，对传统文化的继承，是为了促进传统文化的更好发展，反过来，只要传统武术发展好了就会促进武术的传承和发扬。因此，只有真正做到了传承与发展并举，传统武术才能获得长久的发展，才能在世界体育文化中展示自己的艺术魅力，被世界所理解和认同。

（9）坚持走出去方针。固步自封、一成不变都将不利于传统武术的发展和壮大。因此，中国在不断加强传统文化与世界文化不断交流和融合的基础上，还要坚持走出去的方针，通过采用各种方式和途径将传统武术推向世界。可以通过现代传播媒介加大传统武术的宣传力度，使全世界理解和认同中华传统武术文化。同时，我国也可以鼓励国外学员来中国学习传统武术，比如加大资金扶持力度，广开民间武术馆，吸引更多的武术爱好者来华学习。还可以利用国际舆论媒体、传统武术书籍等向世界介绍传统武术的相关内容。

（10）实现产业化发展。随着经济全球化的不断发展，人们更应该大力发展传统武术产业，从而使武术产业辐射到全世界范围，拉动国家内需，这也是传统武术发展的最关键阶段。面对中华传统武术文化传承的问题，要正确处理传统文化与现代文化之间的关系，顺应时代发展的潮流，积极对落后的、单一的中华传统武术文化进行改革和创新，从而满足人们不断增长的精神文化需求。只有这样，民族传统文化才能得到长足的发展。

（六）中国武术文化教育传承及途径

1. 增加课前辅导，创新教学模式

有的学生不是不想学习武术知识，而是缺乏对课程基本的了解。因此，教师可以在武术课程设置中增加课前辅导环节，通过课前的宣讲，让学生对武术课程有大概的认知，了解这门课程的教授内容。等到学生对课程有了一

定的认识和兴趣后,再让学生自主选择是否要选修这门课程。当然,武术课前辅导可以有多种途径去实现,不是只有课前宣讲一个方式,比如,学校可以在校报、校刊、文化宣传栏等地方,对中国传统武术进行科普,对学校开设的武术课程体系进行介绍。比如,在学校重要的会议、演出活动中,学校可以有计划地安排一些武术相关的表演,开阔学生的眼界,吸引学生的兴趣。这些必要的课前辅导实施起来并不难,耗费的人力、物力也不大,却可以起到很好的作用,对下一步的武术课程学习是一个铺垫。当学生们通过这些多种多样的宣传方式开始关注武术课程时,校园的武术文化教育氛围也变得更加浓厚。

如果说增加课前辅导是在上课之前吸引学生的关注度,那么创新武术教学模式,就是在上课的过程中更好地带动学生。传统的武术教学模式都是教师先示范一遍动作,学生再跟着模仿,很多时候学生都跟不上教师的节奏,学不到动作的精髓,但上课的时间又很有限,教师无法做到对每个学生都详细讲解。为了提高武术课程的教学成效,教师要学会充分借力信息技术的优势。例如,学生在课上学不会的动作,教师可以制作一些简短的练习视频,让学生在课下可以继续温习,慢慢琢磨要领。为了让学生学习更加有兴趣,教师还可以在武术课程中间穿插一些多媒体教学,让学生通过观看与武术教学内容相关的影视作品,感受武术在人们生活中的作用和价值。

2. 确定学习目标,重视武术文化教育

高校武术教育之所以在教学设计上注重技击练习,忽略理论知识,主要原因是武术课程的学习目标不明确。简言之,学校教师没有明确提出武术课程学习的目的,如果是为了简单地了解武术技击知识,为了锻炼学生的身体素质,那么现有的教学体系就没有太大问题。但如果是为了让学生在掌握武术技击知识的同时,也能传承中国传统武术悠久的文化内涵,那么,现有的

教育体系明显就存在不足。作为新时期的高校教育工作者，为了更好地促进武术课程的教学成效，要积极改进传统教学模式中的不足，明确给自己的教学工作提出教学目标，并以此为学生提出学习目标。当教师和学生都有了清晰的目标后，自然会重视武术理论知识的学习，将理论学习贯穿在技击练习之中。

确定武术课程教学目标后，教师为了更好地开展武术理论知识的学习，可以从以下方面去优化武术理论知识的教学模式。

（1）充分利用网络技术，展开内容丰富的多媒体教学，让学生通过图片和视频这些更直观的素材，了解武术的起源，武术的文化，武术的现实意义等。

（2）不断优化武术理论知识教材，目前各高校的武术教材使用情况参差不齐，有的学校一年的课程都上完了，学生却从来没有翻开过教材，有的学校甚至没有专业的武术教材，针对这些情况，教师要具体问题具体分析，要一步步改进现有教材的不足，可以通过教师研讨会、学生问卷调查等形式搜集意见，整合优质资源，对现有教材进行优化升级。

3. 提升教师综合素质，加大武术器材投入

教师是学生求学之路的引路人，为了更好地促进学生武术课程的学习，学校一定要高度重视教师人才队伍的建设。提升武术教师的综合素质，关键就是要加强武术教师的理论知识学习，让教师更好地形成武术文化教育传承的思想认识，进而渗透在对学生的理论知识教学中。学校在加强教师人才队伍建设问题上，要有切实可行的举措。比如，学校可以有计划地安排教师定期进行考核，考核的形式可以分为两种：①电子试卷的形式。让教师自评、自查、自测，促进教师对武术文化、武术创新、武术传承、武术教学最新政策等各方面信息的搜集、了解，使教师保持对武术理论知识学习的积极性；②公开课的形式。学校通过定期组织教师进行武术理论知识公开课，让教师

充分重视武术理论课的教学内容，提高教师的理论课教授水平，并激发教师发挥主观能动性，不断探寻学生们更能接受、更喜欢的教学方式。

在提升武术教师综合素质的同时，学校也要加大对武术器材的投入，让学生在武术课练习中尽量人人都有参与的机会。这样不仅可以提高学校武术课的课上教学效率，也能让学生的参与热情更高涨。部分学校考虑到武术器材耗损严重，不愿意经常更换新的器材。其实，学校合理控制经费是可以理解的，但武术器材在武术教学过程中发挥着重要作用，学校可以通过一次性购买质量较高的器材，在一定程度上避免器材的损耗，或者可以多给学生普及武术器材的使用注意事项，让学生学会合理使用，更加爱护武术器材。总之，不能因为怕损耗就不引进新的器材，而要在武术器材的后期维护上进行科学规划，有必要的话，也可以制定相应的"武术器材使用守则"。

第三章 民俗体育的文化意蕴与资源开发

民俗体育文化既表现着当地的历史文化、风俗习惯、社会功能,也通过体育这一特殊的载体对于不同民族文化特征进行着不同的独特呈现。我国作为多民族聚居的国家,在漫长的历史中不同民族创造积淀的民俗体育文化有所差异。本章主要论述民俗体育的文化特征与功能、民俗体育的社会文化价值、民俗体育课程资源的开发。

第一节 民俗体育的文化特征与功能

一、民俗体育的文化特征

(一)传承与变异性

"民俗体育文化是支撑文化自信场域、建设文化强国和实现中华民族伟大复兴中国梦必不可少的精神力量。"① 农耕文化作为中国各个时代的主要文化特征，深刻地渗透于人民的日常生活之中。从古至今，农耕活动不仅是生产生活的基础，更是塑造了中国人民独特的文化风貌。在农耕文化的影响下，民俗体育活动得以繁荣发展，并通过各种形式如歌舞、鼓乐等为人们提供了丰富多彩的娱乐方式，同时也成为人们交流思想、情感的重要渠道。

随着历史的变迁和人类的迁徙，不同地域之间的经济、文化和技术交流日益频繁，这也助推了民俗体育活动的融合和发展。在这种交流融合的过程中，民俗体育活动逐渐融入了日常生活，成为人们生活的一部分，进而促进了文化的繁荣与兴盛。

图腾文化在这一进程中也发挥了重要作用，诸如龙、马、蛇等各种图腾象征着对自然的崇拜和敬畏，是民族文化的象征和精神支柱。这些图腾不受语言和种族的限制，跨越了时空和地域的界限，为民俗体育文化的丰富发展提供了强大的动力和纽带。

因此，农耕文化与民俗体育活动的发展是相辅相成的，它们共同构成了中国悠久而丰富的文化遗产。在不断的变迁和发展中，农耕文化和民俗体育活动仍然扮演着不可或缺的角色，为中华民族的文化传承和创新注入了源源不断的活力。

（二）民间规约性

民俗体育与文化息息相关，是在人们的日常实践活动中逐渐孕育而生的产物，其形成受到了意识形态和行为方式的深刻影响。民俗体育的独特之处在于其缺乏书面规则、裁判和国家干预，而是依赖于文化习俗和民间组织进

---

① 张华江. 文化自信场域下民俗体育文化的仪式表征及文脉赓续[J]. 湖北文理学院学报，2023，44（12）：78.

行调节。从准备阶段到活动目的的设定，民俗体育都呈现出一种有条不紊的秩序。这些传统运动在社会中扮演着重要的角色，不仅凝聚了人心，也化解了种族和村民间的矛盾，实现了共同的愿望与祈求。

民俗体育的存在与发展与特定的历史和文化背景紧密相连，这使得它具有强烈的地域性和依存性。特别是在法律不完善的历史阶段，民俗体育往往成为社会治理的重要手段之一。因其根植于深厚的文化土壤，这些传统体育项目在人们生活中扮演着不可或缺的角色，为社区建设和社会秩序的维护提供了重要支持。

在社会作用上，民俗体育通过丰富的体验和活动，促进了社会成员之间的交流与沟通。这些活动不仅仅是简单的体育竞赛，更是一种文化传承和身心锻炼的方式。通过参与民俗体育，人们更加了解和尊重彼此的文化传统，增进了社区内的凝聚力和认同感。此外，民俗体育还在一定程度上缓解了社会中存在的种种矛盾与不和谐因素。通过共同参与体育活动，人们超越了种族、地域等差异，建立起更加紧密的社会联系。这种集体活动的共同体验有助于化解个体之间的矛盾，促进社会的和谐与稳定。

（三）民间礼仪性

中国的民俗体育文化源远流长，根植于中国农耕社会，与农耕文明紧密相连。这种文化传统承载着劳动人民的情感和信仰，承传着代代相传的习俗与礼仪。而中国作为一个注重礼仪的国家，礼俗贯穿于各个方面的日常生活，从生到死、从嫁娶到丧事，无不有着相应的礼仪。这些礼仪形成了生、冠、婚、丧等四种人生仪式，每一种都有着具体的规范和秩序。

在民俗体育活动中，这种礼仪更是得到了充分的体现和传承。通过具体的仪式，人们传递着对幸福、内心宁静、痛苦悲伤等不同情感的表达。这种礼仪不仅仅是一种形式上的表现，更是对内心情感的抒发和对生活态度的体现。

礼仪文明作为中国传统文化的重要组成部分，对社会的发展产生着广泛而深远的影响。它不仅影响着个体的行为举止，更渗透到了社会的方方面面。在民俗体育文化中，人们言行举止必须有礼貌、恭敬，这不仅是对传统文化的尊重，也是一种道德的体现。通过礼仪的教化，爱的传播以及友谊的传递，民俗体育文化得以稳定发展，为社会和谐与稳定做出了重要的贡献。

（四）享受娱乐性

民俗体育文化的兴起与发展与人们的精神需求、心理需求、情感体验密切相关。这一文化现象的产生与发展离不开人们在生产、生活中的思想物化品，为民俗体育的兴起提供了物质基础，同时也是其发展的动力和源泉。民俗体育文化涵盖了生产、生活、信仰、民风民俗、狩猎、骑射、渔业、商业、交通、服饰、饮食等方面，是文化创造的开始和精华部分。这种文化形式不仅仅是一种活动，更是一种精神享受的来源，满足了人们在生产过程中的精神需求，给予了人们审美的享受和满足。通过代代传承，广大民众体验着民间民俗文化传递的和乐、和谐、礼让、团结、质朴等主题思想，从而提供了娱乐享受的机会。这种传承不仅是一种文化的传递，更是一种对过去和现在的连接，让人们在娱乐中感受到历史的沉淀与传统的魅力，同时也促进了社会的团结与凝聚。民俗体育文化的发展不仅仅是一种活动形式的延续，更是一种文化传统的传承与创新，为人们的生活增添了丰富多彩的色彩，为社会的和谐发展注入了新的活力。

（五）天人合一性

劳动人民创造和传承的民俗体育文化生动地再现了广大民众的精神诉求。民俗体育文化久经沧桑，凝聚着历代劳动人民的智慧和情感，以群众喜闻乐见的形式而传承下来，经久不衰；民俗体育文化依附于民间民俗事项，蕴含着人与自然、人与社会、人与人之间和谐相处的理念。

"天人合一"的概念最早是由庄子阐述的，后被汉代儒家思想家董仲舒发展为"天人合一"的哲学思想体系。"天人合一"的观点认为：宇宙自然是大天地，人则是一个小天地。人和自然在本质上是相通的，故一切人事均应顺应自然规律，达到人与自然的和谐。人们模仿自然界中的动物，创造了五禽戏、鹿戏、大雁功、蛇拳等健身方法。这些健身方法简便、易行，人们在自然环境中锻炼，呼吸自然界中的阴阳之气，调节人的生理状态和身体状况，达到强身健体的目的。思维反映存在，物质与人以及物质之间是和谐统一的，是"天人合一"思想的主旨。很多具体的民俗体育事项，如清明踏青、重阳登高，是人们遵循"天地气交"的自然规律的体现，是"天人合一"思想的实际运用，是人与自然和平共处原则的体现，表达了人们热爱生命、热爱自然、回归自然的意愿。

二、民俗体育的文化功能

（一）弘扬民族精神

民俗体育活动作为一种民间普及的健身方式，既是身体锻炼的手段，也是人们精神寄托的载体。这些活动涵盖了生产、社交、纪念先祖等多个方面，通过参与其中，人们得以表达自己的思想和情感，从而构成了重要的精神生活途径。民俗体育文化记录着丰富多彩的社会生活,承载着数千年来农耕文明的成果。特别是在春节这样的时期,民俗体育活动表现得尤为丰富,反映了其深厚的文化内涵。而在日常生活中,民俗体育的展现则更多地体现了礼貌、谦逊、平等和宽容等品格,这些都成为人们性格的一部分。

民俗体育活动不仅仅是简单的体育运动,更是一种民族智慧的结晶,它宣扬着民德,塑造着民族品格和精神。通过这些活动,人们得以传承和弘扬优秀的民族文化,强调了勤劳、团结以及不屈不挠的民族精神。因此,民俗体育不仅仅是一种运动方式,更是一种文化传承的重要载体。在这些活动中,人们通过身体的参与和精神的交流,感受着民族文化的魅力,增进着彼此之间的情感联系,同时也加深了对历史传统的认同感。

(二)培养民族文化认同感

中国传统节日期间举行的民俗体育活动,不仅是一种娱乐方式,更是传承团圆、忠孝、关爱等文化内涵的载体。在春节,人们纷纷参与舞龙、舞狮等活动,展现出对传统文化的热爱和认同感。端午节的划龙舟活动,则是对历史传说的再现,同时也是对勇敢和团结精神的颂扬。而中秋节的舞火把,象征着对丰收的庆祝,也传递着家庭团圆的美好愿望。这些活动不仅仅是在锻炼身体,更是在传承中华民族的文化精髓,增强文化认同感。

中国人在传统节日强调情谊,尤其在春节、端午节、中秋节等期间,表现出浓厚的亲情、友情。在这些节日里,人们不仅会祝福家人和朋友,还会走亲访友,共同感受团圆和祝愿的美好。这种情感的交流不仅仅是节日氛围的体现,更是中华民族凝聚力的体现,将人与人之间的情感联系紧密地结合在了一起。

民俗体育活动作为一种广泛普及且受欢迎的运动项目，其参与度之高令人惊叹。通过参与这些活动，人们不仅仅锻炼了身体，更培养了文化自觉和心理趋向性。这些活动具有情感和认知的心理建构功能，不仅让人们更加热爱传统文化，也增强了对民族文化的认同感。

近年来，将清明节、端午节、中秋节列为法定节假日进一步强化了民俗体育文化在培养民族文化认同感方面的作用。这不仅为人们提供了更多参与民俗体育活动的机会，也进一步激发了人们对传统文化的热情。通过法定节假日的设立，民俗体育活动更加得到社会的认可和支持，其在传承和弘扬中华优秀传统文化方面的作用也日益凸显，为中华民族的团结和文化传承贡献着重要力量。

（三）承载优秀传统文化

文化是一个民族精神生活与物质生活的综合体，其中传统文化承载着民族的特质和历史。在中国，这种传统文化包括了儒家、道家、墨家、法家等不同流派的文化。这些文化不仅仅是历史的遗产，更是当代社会的精神支柱。传统节日、婚嫁礼俗、祭祀等特定日子是民俗体育文化的重要展示场合。通过各种形式的表演，人们传达着生活态度和价值观。这些活动不仅仅是单纯的娱乐，更是对传统文化的传承与弘扬。

在福建，妈祖民俗体育文化以妈祖信俗为核心，代表着海洋文化的精髓。妈祖信仰融合了海洋、航海、捕鱼等元素，形成了独特的民俗体育活动。这些活动不仅在本地区广泛流传，更在海上丝绸之路沿线国家间促进了文化的交流与融合。

民俗体育活动不仅仅是对传统文化的传承，更是对教化思想的延续。通过这些活动，人们传递着道德观念、文化认同和社会价值。动态传承与创造性发展使得这些活动不断与时俱进,有助于增强社会的凝聚力,推动物质、制度、精神文化的建设与发展。

(四)促进社会和谐稳定

民俗体育是一种源自人类生产实践的活动,它与人们的生活习惯、思维方式以及社会行为密切相关。随着社会生产水平和生活水平的提高,民俗体育活动日益丰富多彩,成为人们生活中不可或缺的一部分。在这个过程中,民俗体育活动扮演着多重角色,产生了广泛而深远的影响。

民俗体育活动尊重个体的自主权,提供了一种健康锻炼和舒适愉悦的体育方式。这种活动不仅可以缓解个体的劳累感,丰富生活,更可以促进群体之间的交往,培养乐观心态,提升人文素质。通过参与民俗体育活动,人们能够享受到身心愉悦,从而有利于社会风气的端正和不良习惯的抑制。

民俗体育活动也是解决社会不平衡和不和谐问题的重要途径。尤其是针对农村文化水平低、人文素质差异等问题,民俗体育活动能够拉近人际关系,化解误解,促进和谐共处。通过共同参与民俗体育活动,不同社会群体之间的距离被拉近,有利于构建一个更加和谐、稳定的社会环境。此外,民俗体育活动还促进了乡里乡亲之间的互助与合作,增加了心理认同感,化解了矛盾与误解。特别是在节日期间,民俗体育活动成为乡村社区的一种重要纽带,促进了本地区的荣誉合作,增强了集体的凝聚力和归属感。民俗体育活动满足了人们对健身与审美的需求,教化人们热爱本土文化,促进了乡村社会的稳定与和谐发展。这种活动不仅是一种身体上的锻炼,更是一种对本土文化的传承和弘扬,有助于保持社会的稳定和发展。

第二节 民俗体育的社会文化价值

一般来说，社会文化是指与基层广大群众生产和生活实际紧密相连的，由基层群众创造，具有地域、民族或群体特征，并对社会群体施加广泛影响的各种文化现象和文化活动的总称。漫数人类社会的种种文化成果，几乎都与其诞生与存在的社会文化背景有着极为深刻和普遍的联系，没有相应的社会文化的孕育与滋养，这些文化成果也就失去了其所存在和所依托的土壤。作为人类身体文明发展领域的标志性文化体系，民俗体育的起源、诞生及发展与中国文化具有天然的文化血缘关系，如果将中华文明比作一棵参天大树，那么民俗体育作为一项独特的身体文化成果就是从这棵大树的枝头上结出的累累果实。

从文化的起源来看，任何具有特定结构与运转模式的社会文化价值都不可能在纯自然状态下诞生，如自然状态下的黑猩猩群体中既不可能产生音律、绘画等艺术形式，也不可能发明文字系统来对不存在之物进行文学的建构，这从侧面也印证了社会文化植根于社会存在的客观规律。从辩证唯物主义哲学来看，有什么样的社会存在，就有什么样的社会文化与之相适应，社会文化不仅仅是社会存在的一种基本反映，也是社会意识在特定阶段对于社会存在向前发展的一种内生诉求，社会文化对社会意识具有直接的塑造功能，同时反作用于社会存在，先进的社会文化可以塑造积极向上的社会意识形态，推动社会存在向更高阶段的演进，落后的社会文化则会导致社会意识形态滑向消极的区间，并进一步阻碍、延缓社会存在的进步，在特殊的时期或阶段

第三章　民俗体育的文化意蕴与资源开发◎

甚至有可能走向历史的对立面，从社会文化对社会意识的影响和对社会存在的反作用的矢向性上来看，可以依据其价值属性将其划分为正向社会文化价值和负向社会文化价值两大范畴，进行这种划分的意义在于，社会运行以及文化发展应当从趋利避害的原则出发，积极谋求和运用具有正向社会文化价值的社会文化来指导具体社会领域中的实践，并避免产生负向的社会文化价值。

民俗体育是民族体育的一个基本组成部分，故其所代表的体育文化属于人类身体文化的范畴。身体文化是人类进化史中的一个核心点，与诸多人类学研究一样，身体文化关注的是人本身的问题，而其诞生与发展与社会文化大系统的兴衰更替有着天然的纽带关系，任何身体文化的兴起和身体文明的演进必与人类的社会文化系统的发展和变迁息息相关。这种在文化系统上的相互作用与相互联系，暗示着民俗体育在人类文明体系中具有不可替代的作用和有待挖掘的深厚价值。

从我国民俗体育的项目考证来看，最早的民俗体育活动可以追溯到三皇五帝时期以前，一些古老的项目因为没有书简记载，而如荷马史诗一样，以口耳相传的英雄传说的形式流传了下来。透过上古传说的面纱，有助于人们从时间的维度上去挖掘各种具体的民俗体育运动项目的起源。与此同时，透过漫长的历史跨度，以一种文化人类学的视角去审视民俗体育，亦可以感受并观察到在古朴的民俗体育背后所折射出的文化线索上的指向性，这种指向性有以下方面的内涵与特征。

一、民俗体育文化价值源自社会文化价值

每一种民俗体育活动都不是在文化真空之中诞生的，所有的民俗体育项目无不是在社会母体文化中孕育而生的，这种文化根性既是民俗体育文化最为根本的特征，也是其文化价值得以存在的前提条件。

原始的、偶然的体育元素并不能决定民俗体育文化的形成，反过来说，民俗体育文化并不等同于原始体育元素的机械累加。因为民俗体育文化本身具有明显的亲社会性，其诞生与演化不是一种纯粹的自然演进的结果。规则化的游戏是伴随着社会结构从松散的原始游戏状态走向高度组织化的现代体育状态而出现并发展的，对于民俗体育文化来说同样如此。越是高级的社会形态，民俗体育的活动形式越是复杂，其活动范畴越加广泛，其所承载的文化要素也就愈加丰富，其所产生的文化影响与文化辐射就愈加深远。如果将原始的体育元素比喻成一个个孤零零的拼图模块，在其中穿针引线，将一个个孤立的、零散的体育元素系统化地建制为一个生动的身体文明体系的恰恰是中国的传统文化。如果将民俗体育文化的发展置放在整个中华文明的历史背景中，民俗体育文化的每一次重大的变革与转向无不与社会文化与东方文明的发展有着极为密切的关联。

举例而言，汉唐两代是中华文明发展的两个高峰时期，同时也是民俗体育得到极大发展的历史时期。期间民俗体育活动的种类、数量、规模、开展的层次与频度，都是其他历史时期所无法比拟的。文化变迁对民俗体育文化的发展具有十分重要的影响力，如明朝初期，朝廷向四川、苏北、湖广、山东等地区大量地移民，这导致了地域文化的相互遭遇，继而发生了文化间的碰撞与融合，大量的异域民俗与文化元素融入了更为广阔的地理疆域，也进一步促进了中国各地区民俗体育文化的传播与交流。

二、民俗体育文化价值是一种动态存在

民俗体育活动的文化张力是一种动态的存在，也是民俗体育文化得以发展和演进的直接原因。作为一种民间文化形式，民俗体育对于人类社会发展的意义是伴随社会文化的流变和运动而与时俱进的，无论从现实的功用还是

第三章 民俗体育的文化意蕴与资源开发

从价值领域的考察，绝不应将其视为一种静态化的常量。倘若抛开文化品位的优劣高低，以一种纯粹的文化意义的洞见来审视中国民俗文化，可以发现，在文化意义上空洞无物的民俗风习大多难以持久，在文化意义上有着深厚积淀的乡规良俗却往往承袭不止，文化之于民间风俗活动的影响不仅久远，而且深切。

由于中国古人崇尚"天人合一"的宇宙哲学，有关世间万事万物相互关联的辩证思想几乎贯穿在各种文化活动当中。因此，民俗活动与体育活动的结缘，民俗体育与多元文化要素的融合，这些看似偶然的现象背后，无不是中华文明体系所具有的强大融合力使然。民俗活动与传统文化中的历法、节庆、民族传说与历史故事等诸多文化要素一经结合，往往对局部乃至整个大中华地区的文明进程产生极为微妙而重要的影响。从辩证唯物主义和历史唯物主义的角度上来说，民俗活动对于中华文明发展进程所起到的是一种非主导性的、非强制性的、辅助性的力量，因为单纯的民俗活动，无论从形式还是从功能，都远不能成为决定人类文明历史走向的根本条件，但是从历史唯物主义角度来说，人民群众是历史的创造者，人民群众又是通过社会实践和社会改造实现了对历史的开创、继承与发展。

社会实践本来就是一种具有集合意义的行为的总称，人类社会现存的一切无不被打上了实践的烙印，民俗活动恰恰是人民群众社会实践活动的一项有机构成，世界上不存在没有风俗的民族，更不可能将风俗仅仅局限于只有思想意识而没有行为实践的民族文化。

一项民俗体育一经形成，就会具有一定的稳定性和延续性，虽经流传演绎而难免变异，但其核心和主旨总有因袭的内涵和固定的意识。也正是因为民俗体育这种坚韧的生命力，它在维系一个民族的群体凝聚力和趋同意识的层面上也就可以发挥与其他人类文化形式完全不同的作用与功能，这也是民俗体育文化的文化魅力所在。这些事实都充分证明，民俗体育是一种社会实践，更是一项重要的文化活动，是人民群众创造的世界历史中的天然组成部分，作为一种文化要素，民俗体育文化对于人类社会的价值与意义总是脱离不开它固有的文化本质，在民俗体育文化层面上的各种运动的形式，无不与其特有的文化驱动力的特质相互关联。

三、民俗体育文化价值是对社会文化的超越

民俗体育活动并不是对社会历史或文化传统简单地摹写，更不是对民间风俗文化的歪曲和捏造，从社会文化形态学意义而言，民俗体育与艺术创作有比较相近的文化形态特征。作为一种独特的身体文化，民俗体育文化既源自社会成员广义上的共同生活圈，又始于社会成员对某一项具体的体育活动所承载的宗法制度和精神内涵的共识的形成，是他们在某一个时间节点上生活状态的一种在文化意义范畴上的抽象与形体表达上的超越。例如荆楚文化母体中孕育出来的龙舟竞渡项目，作为一项端午节的特色文化项目被人们所熟知，由此可见其强大的文化渗透力。但是这项运动在中国的华北地区、东北地区及远离两河流域的内陆地区却很少被作为民间体育活动来开展，其中一个极其重要的原因，就在于尽管赛龙舟的文化意蕴可以被大众所接纳和认可，但是在水资源分布不平衡甚至匮乏的内陆地区，这项体育活动缺乏广泛开展的自然环境，无法成为一项全民普及型的项目；在文化演进的层面上，龙舟竞渡也只能成为独具特色的荆楚体育文化的组成部分。

四、民俗体育文化价值体现了身体文明价值

作为一种身体文明的表现形式,各种看似散乱无章的民俗体育活动是存在普遍的文化联系的,在这种特殊的文化纽带效应下,各种民俗体育项目既产生着横向的传播和交汇,又有纵向的传承与流变。在这个历史的进程中,每一项具体的体育活动既是文化本身,又是文化载体。这与任何具有考古学意义的历史文化有着很大的不同,如文字本身不是古诗,文字也不能等同于七律或者文学,因此说,文字不能代表古典文艺。从结构来看,古典文化或者其他文化形态中,文化的载体、要素、形式与目的往往是分立的,但是民俗体育则不同,在基于具有文化要素内化的形式下,通过身体的技艺运动表达内铄的文化张力与承载的文化信仰,实现了身体文明在目的、内容、形式上三位一体式的高度融合,这也致使民俗体育文化与其他一切传统文化的形式区别开来。

第三节 民俗体育课程资源的开发

一、民俗体育课程资源开发的意义

(一)教育改革与课程改革的需要

"民俗体育是民族体育形成的根源,是我国体育教育中的重要内容与瑰宝,是高校体育教学中民族品格、民族精神及传统文化传承的载体,也是高

校开发民俗体育资源的源泉。"[①]在贯彻文件精神、迎合现代化发展趋势和有效途径的指导下，民俗体育资源的开发与纳入学校课程管理显得尤为重要。民俗体育在学校教育中扮演着多重角色，不仅可以作为规定课程的补充，丰富学校资源，还能增强课程的适应性，成为传统教育方式之一。在教育改革的机遇与发展之际，抓住机遇，开发地方特色课程资源，丰富通识课程教学资源，是必然的选择。

实施民俗体育课程意味着增加体育教学的娱乐性、趣味性和健身功能，让学生接触并参与到民俗体育活动中。通过这样的实践，学生能够深刻体验本地域的民俗文化，形成对正确传统文化的认识和意识，同时也能够认识到困境和机遇，从而自觉地传承和保护传统文化。

在维护优秀传统文化方面，创造机会，维护我国优秀传统文化发展的良好环境，是非常重要的。将民俗体育纳入地方课程资源，不仅可以推动学生素质教育的发展，还能促进体育课改的顺利进行。因此，推进素质教育和体育课改，需要将民俗体育作为一项重要内容纳入其中，以实现教育资源的充分利用和教育目标的全面发展。

（二）开拓民俗多元文化教育的渠道

随着文化更新转型的加速，中国社会迎来了多元文化的涌现，这种多元文化的出现正是为了更好地服务社会发展。自古以来，中国就是一个多民族共存的国家，以汉文化为主导，其他少数民族文化被视为"亚文化"。然而，在西方文化全球化的影响下，中国的多元文化面临着更为激烈的竞争和挑战。因此，保护和发展我国民族文化的多样性成为教育发展中的重要课题之一。

---

① 郭大勇．普通高校开发民俗体育课程资源的深入思考[J]．运动，2018（1）：107.

第三章 民俗体育的文化意蕴与资源开发◎

在国家一体化和民族文化多元化之间存在着一种微妙而复杂的关系，这也是中国及其他多民族国家共同面临的挑战之一。一方面，国家的一体化需要统一的核心价值观和文化认同，以促进国家的稳定和发展；另一方面，民族文化的多元化要求尊重和保护各个民族的文化传统和特色，以维护民族团结和多元社会的和谐。因此，如何在国家一体化和民族文化多元化之间取得平衡成为一项重要任务。在教育领域，可以通过推动多元文化教育，培养学生的文化包容性和跨文化交流能力，从而增强民族团结意识和文化自信心。同时，政府和社会应加强对少数民族地区的扶持和保护，促进其经济发展和文化繁荣，以实现全国范围内的共同发展。在全球化的浪潮下，中国需要更加自信地展示自己的文化魅力，同时也要开放包容地接纳外来文化的影响，以实现文化的繁荣与发展。只有在国家一体化和民族文化多元化的双重目标下，中国才能在世界舞台上展现出更加光明的未来。

我国的民俗体育文化根植于历史时代，是农耕社会的主流文化之一，与社会的变迁息息相关。然而，随着全球一体化和西方主流文化的影响，传统民俗文化正在逐渐衰落。这一现象引起了专家学者的关注，他们意识到保护和发扬传统文化的重要性，并提出了一系列挽救措施。在这些措施中，将民俗体育文化纳入各级学校的教育内容被认为是传承民族文化的重要途径，也是多元文化发展的重要渠道。学校作为培养学生文化观念、价值观念和生活观念的关键阵地，有利于塑造传统品性。因此，将民俗体育文化融入学校教育内容，不仅可以拓宽学生的文化视野，还能促进对经典民俗艺术的了解。

通过在学校推广民俗体育文化，学生们可以更深入地了解这一丰富多彩的传统文化形式，从而增强对民族文化的认同感和自豪感。同时，学生们也能通过参与民俗体育活动，亲身感受传统文化的魅力，培养对传统文化的热爱和保护意识。此外，学校推广民俗体育文化还有助于弘扬民族精神，提升国民整体素质。通过传承和发扬民俗体育文化，可以培养学生们的团队合作精神、勇气、毅力等品质，为他们的成长和未来奠定坚实的基础。因此，各级学校应当重视民俗体育文化的传承与发展，在课程设置和教学活动中充分融入这一内容，让学生们在学习的同时，也能够感受到传统文化的魅力，从而为传统文化的传承和弘扬贡献自己的力量。

（三）推动民俗体育健康发展

利用和开发课程资源是顺利实施课程的关键。在教学实践中，地方化开发利用各种资源能够有效地体现课程的弹性和地方特点。这意味着教师需要充分挖掘当地的文化、历史和自然资源，将其融入课程设计中。特别是民俗体育，由于其地方特色和丰富性，成为课程开发中的重点资源之一。因此，教师需要花费时间和精力去挖掘、整理和编写相关内容，并根据学校的实际情况进行选择和实施。

将民俗体育纳入学校体育教育中是改变学生对民俗体育陌生感的重要途径之一。通过多种途径，如课堂教学、体育活动和社团组织等，将民俗体育传授给学生。这样做不仅可以丰富学生的课外活动，还可以增进学生对当地文化的认同感和自豪感。特别是在农村地区，开发地方特色的民俗体育项目更是提高体育教学效果和教学质量的重要策略。由于农村地区的资源相对匮乏，而民俗体育恰好具有浓厚的地方特色，因此将其纳入教学中有助于激发学生的兴趣，提高他们的参与度和学习积极性。

民俗体育课程资源的开发与社会发展、教育进步相适应，这是一个既传承民族特色、又融入现代气息的过程。通过在学校推行民俗体育教学，不仅可以提高学生的身体素质，还能传承民俗文化，培养他们的民族自信心和自豪感。这种教学模式不仅仅局限于学校内部，它还可以进入家庭，通过家庭体育方式服务群众的健身娱乐需求,使民俗体育项目成为日常生活的一部分。这种全方位的推广不仅仅造福于个人,也促进了社会体育、学校体育、家庭体育的协同发展。随着民俗体育课程资源的不断开发,民俗体育传承规模也在不断壮大,推动了其健康发展。这种融合了传统与现代的教学模式,有助于民俗体育在当代社会中焕发出新的生机与活力,为民众提供了丰富多彩的体育文化体验,也为国家和社会的发展贡献着自己的力量。

(四)有利于体育课程目标的达成

体育课程旨在全面培养学生,涵盖了运动参与、技能、健康、心理健康和社会适应等五个关键领域。其目标不仅仅是在体能上有所提升,更重要的是通过实践活动的参与,促进学生的身心健康。在体育课上,学生不仅仅是被动地接受知识和技能,更是通过实际动手的过程中,培养自己的实践能力和情感体验。这种全面发展的理念旨在增强学生的体质,促进整体健康,提高综合素养,使学生在面对各种挑战时能够应对自如。

民俗体育作为一种丰富多彩的体育形式,不仅灵活多样,而且充满趣味,极大地吸引了学生们的积极参与,从而成功实现了体育课程的各项目标。通过各种不同形式的活动,如传统节庆游戏、民间竞技等,学生们得以在轻松愉快的氛围中锻炼身体,提升团队合作意识,培养自信心和勇气,以及发展运动技能。这些活动既符合学生的兴趣爱好,又能够达到课程所期望的身体素质和技能提升的目标,为学生们的全面发展提供了良好的平台。

每项民俗体育项目都有其独特的基本知识和理论体系,这些知识不仅帮助学生们拓展了他们的知识面,而且让他们更好地掌握了运动技能,实现了课程中关于知识和技能方面的目标。例如,在学习中国传统民俗舞蹈时,学生不仅了解到舞蹈的起源和文化内涵,还学会了正确的舞步和舞姿。这种综合性的学习不仅培养了学生们对传统文化的理解与尊重，同时也提升了他们的身体协调能力和舞蹈表现力。

民俗体育不仅仅是一种运动形式，更是一种具有高度美育功能的活动。其内容美、形式美、氛围美、和谐美等方面都对学生的审美素养起到了积极的促进作用。在参与民俗体育活动中，学生们不仅仅是在锻炼身体，更是在感受传统文化的魅力，感知美的存在。例如，在举行传统节庆活动时，学生们穿上华丽的传统服饰，参与各种舞龙舞狮、击鼓传花等活动，不仅增强了他们的团队协作能力，也激发了他们对美的追求和感受，达到了美育的目标。

体育教育的最终目的并不仅限于课堂内的教学，更重要的是要培养学生终身锻炼的习惯。这需要在课余时间加强技能学习与运用。在这一点上，民俗体育项目如踩高跷、花鼓舞、舞龙等具有重要意义。这些传统项目不仅能够锻炼学生的体魄，还能够促进心理健康的发展，培养学生的合作精神和社会行为规范。通过这些项目的参与，学生不仅仅是在锻炼身体，更是在锻炼团队合作的能力，培养自己的社会责任感和公民素养。因此，这些民俗体育项目的开展不仅仅是为了丰富课程内容，更是为了实现学校体育课程的终极目标，即培养学生成为全面发展的个体。

（五）新时期民俗体育创新发展的内在需要

当代社会的快速发展和社会结构的变化，以及流动性的增强，已经改变了传统农业社会中的社会关系模式。在过去，社会关系主要以血缘和地缘为主，而现在，随着城市化进程的加速和信息技术的普及，人们的社会联系更加多元化和复杂化。同时，随着原生态自然资源的不断萎缩，许多民俗体育项目的生存空间也在逐渐减小。这种情况导致一些民俗体育项目受到影响，甚至面临着灭绝的危险。因此，加强对民俗体育及文化的保护，促进传承与创新发展，成为现代化和全球化背景下亟待解决的问题之一。为了解决这一问题，需要开发民俗体育课程资源，调集各地的人力资源，挖掘、整理本地的民俗体育项目，并将其引入学校教育中。这样一来，不仅可以推动民俗体育的科学化、规范化和普及化，也可以为学生提供更加丰富多彩的体育课程，促进其身心健康的全面发展。舞龙项目作为民间广泛开展的民俗项目之一，已经被引入到大中专院校的体育课教学中，并与现代体育项目并行开展。这种做法不仅可以丰富学生的体育课程内容，也可以促进民俗文化的传承和发展。通过这样的举措，可以有效地保护和传承民俗体育及文化，让其在现代社会中焕发新的活力。

学校在培养大量民俗体育传承人方面发挥了重要作用，这推动了民俗体育的蓬勃发展。这些传承人在传统技艺上的坚持和努力使得民俗体育得以传承和发展。特别是舞龙运动经过规范化发展，逐渐成为世界竞技体育项目，并受到全球关注。这不仅展现了中国文化的魅力，也彰显了中国在国际体育舞台上的实力。同时，中国的民族音乐、舞蹈、中国画、中草药等文化也已经走出国门，展现了中国文化的国际影响力。这些文化元素的传播不仅丰富了世界文化多样性，也增进了不同国家之间的文化交流与理解。劳动人民创造的民俗体育不仅是中华文化的重要组成部分，也是中华民族的宝贵财富。这些传统体育项目体现了人民智慧和勤劳精神，值得向世界展示和传承。

开发民俗体育课程资源对于培养人才、推动民俗体育事业的发展至关重要。这不仅可以吸引更多的年轻人参与到民俗体育中来，也有利于民俗体育与其他体育项目的融合与发展。此外，民俗体育课程资源的开发也是对中华民族优秀文化传承和发扬的重要举措，同时也满足了新时期民俗体育创新发展的内在需求。通过这些举措，可以更好地传承和发扬中华民族优秀文化，为民俗体育的长远发展打下坚实基础。

二、民俗体育课程资源开发的原则

"民俗体育融入校园体育既是民俗体育自身发展的需要,也是学校体育发展的内在要求。"[①] 对于学校教育的课程来说,在教育目标已经确定的情况下,课程资源开发的目的就必须符合课程教育目标,民俗体育课程资源的开发也要在既定的目标准则下进行规范开发。民俗体育课程资源的开发应遵循以下原则。

(一)教育性原则

教育性原则是教育事业的基石,旨在促进学生全面发展并塑造正确的人生观和价值观。符合国家教育政策,培养全面发展的人才是教育的首要任务。这意味着学校应致力于为学生提供多样化的学习机会,包括但不限于学术、艺术、体育等方面的培养,以满足他们的多元发展需求。以"健康第一"为核心,传递正确的世界观、人生观、价值观、道德观,这是教育教学的重要目标。学校不仅要注重学生的身体健康,还要培养他们正确的价值观念和道德观念,使他们成为积极向上、有社会责任感的公民。通过体验地方民风民俗,让学生享受乐趣,培养爱国爱家情怀,热爱传统文化,这是教育教学的重要途径之一。通过走进社区,参与各种民俗活动,学生可以更好地了解和体验当地的文化传统,从而增强他们的文化自信心和民族凝聚力。

(二)兴趣性原则

兴趣性原则是激发学生学习动力和促进其全面发展的有效途径。兴趣是最好的老师,是激发学生运动热情的内在动力。因此,学校应该充分尊重和

---

① 张钦. 校园体育活动融入民俗体育分析[J]. 文体用品与科技,2015(18):32.

发展学生的个性和兴趣，为其提供多样化的课程和活动选择，让他们在感兴趣的领域中找到学习的乐趣和动力。民俗体育具有娱乐性，应以高雅娱乐为主，选择健康、生活气息浓厚的项目进行教学。通过开展民俗体育活动，不仅可以锻炼学生的身体素质，还可以增强他们对传统文化的认同感和热爱程度。培养个人兴趣，通过集体性合作发展社会兴趣，实现可持续发展。学校应该通过各种方式，如兴趣小组、社团组织等，为学生提供展示和发展个人兴趣的平台，同时注重培养学生的团队合作精神，使他们能够在集体中实现个人价值，为社会的发展作出贡献。

（三）实践性原则

马克思主义哲学的实践性贯穿于其整个体系，这是其最为重要的特点之一。在教育领域，实践教学被视为能力教育的支撑点，为学生提供了认知对象的机会。特别是民俗体育实践教学，它使学生能够深入了解民俗体育的内涵和意义，同时也认识到其对社会发展的积极促进作用。通过坚持实践性原则，教育可以培养学生认识客观世界的能力，这具有重要的认识论和世界观意义。因此，将实践性原则融入教育中不仅有助于学生在理论上的学习，更能够使他们通过亲身实践去感知、理解并参与到社会实践中，从而形成更为全面和深刻的认知结构。这种教育方式不仅符合马克思主义哲学的实践性要求，也更有利于培养学生的创新能力和实践能力，使其成为能够积极投身于社会实践的合格建设者和接班人。

（四）共享性原则

在当今经济领域，共享已成为核心理念之一，其强调的是物品的使用权，而非所有权。这种概念在教育领域同样有着深远的影响。学生们通过在线和线下的方式分享知识，使得网络成为主要的知识获取渠道。这种转变不仅仅是一种趋势，更是一种必然，因为它为学习提供了更为便捷、灵活的途径，使得知识不再受制于传统的教室和教科书，而是可以随时随地获取。然而，对于民俗体育课程资源的开发工作来说，任务量巨大，单凭个人或个别学校很难达到理想的效果。

正是在这种背景下，共享方式展现出了其独特的价值。通过集体智慧和协作，资源开发者们可以共同努力，共同完成这一艰巨的任务。他们可以共享经验、共享资源，从彼此的经验中学习，从而为民俗体育课程的开发注入更多的新思路和创意。这种方式不仅仅是资源的共享，更是一种相互学习的过程，促进了教学资源的丰富和提升。此外，共享的方式也解决了一系列现存的问题。比如，师资不足一直是民俗体育课程发展的瓶颈之一。通过共享资源和经验，可以将有限的师资充分利用起来，发挥他们的最大潜力，从而提升教学质量。同时，共享也能够避免课程开发中的重复性、盲目性和浪费问题，通过集体的智慧和资源共享，可以更加高效地完成课程的开发，减少资源的浪费。

因此，坚持共享性原则对于民俗体育课程的建设、教学、科研以及学生学习效率和社会发展都具有显著的促进作用。共享不仅仅是一种工具或者手段，更是一种理念和文化，它代表了一种开放、包容和合作的精神，是推动教育领域发展的重要动力之一。

（五）因地制宜原则

中国的民俗体育活动展现了其地域性、民俗性以及民族性的独特魅力，这反映了中国民间风情的多样性。由于中国地域广阔，民族众多，因此形成了各具特色的民俗体育项目，这些项目的活动内容和形式存在着明显的差异。

在开发民俗体育项目时，必须考虑到特殊的气候和地理环境，遵循因地制宜的原则，以确保项目的可行性、实用性和推广价值。这意味着每个地区都需要根据其自身的条件和资源来选择和开发适合的民俗体育项目。

在开发和利用中国的民俗体育资源时，应该充分考虑客观现实，并发挥各地的地域优势。这样做不仅可以实现课程资源的实效性，还能够培养人才，开拓课程资源，从而达到更加全面的目标。比如，在寒冷的北方地区，可以开发冰上项目，如冰球或者速度滑冰；而在温暖的南方地区，则可以选择水上项目，如龙舟赛等。这样一来，不仅可以丰富民众的体育娱乐生活，还可以促进地方经济的发展，增强民族文化的自信心和凝聚力。

三、民俗体育课程资源开发的路径

（一）遵循规律，把民俗体育纳入学校体育教育中

"高校开设民俗体育课程，是弘扬民族文化、深化体育课程改革、丰富校园体育文化的需求，并具有国家政策、民俗体育自身和高校传承与发展民俗体育条件等优势。"[①]在我国教育改革的大背景下，民俗体育逐渐被纳入学校体育教育的范畴。然而，尽管民俗体育的普及开展取得了一定成绩，但仍然面临着人力、物力、财力等现实困难。正如事物发展所经历的阶段一样，民俗体育也经历了初级阶段、发展阶段、发展高级阶段，而目前它正处于初级阶段。在民俗体育已经进入学校教育并常态化发展的情况下，政府、学校、民间组织需要共同投入资金，以推动其稳步发展。

---

① 朱大清. 对高校开设民俗体育课程的思考[J]. 新西部（理论版），2016（21）：159.

要想实现民俗体育课程的稳定发展，就需要不断完善教学条件，培养相关人才，并严格执行相关措施。这些因素是保障民俗体育在学校教育中持续发展的关键所在。教育者在这个过程中扮演着至关重要的角色，他们需要坚持改革的决心，不断推动课程改革的深入，同时努力克服各种困难，以实现既定的目标。

民俗体育纳入学校教育的发展高级阶段，是教育改革和体育课程资源开发的终极目标的明显标志。面对重大任务和多重困难，必须坚定必胜信念，毫不动摇地推进民俗体育融入学校体育教育的改革行动。可以借鉴成功经验，如柔道、跆拳道、足球和橄榄球，通过学校教育形式规范化、科学化、普及化民俗体育。我国民俗体育课程资源开发是一个渐进过程，需要坚定信念，持续推进课程改革，以确保民俗体育在学校教育中得到有效的传承和发展。

（二）民俗体育教学内容要符合人们的身心发展规律

学校被视为体育文化传播的核心，旨在为学生提供体育教育的权利和义务。这种教育的目标是随着学生成长阶段的变化而调整。在这个过程中，教学内容必须综合考虑学生的年龄、身体发育水平和素质等因素，以促进他们身心健康的全面发展。在中小学阶段，教学内容的选择至关重要，应该根据学生的生理和心理特点进行精心安排。例如，小学生阶段适合开展简单的民俗体育项目，这不仅有助于培养他们的兴趣，还能够锻炼他们的身体协调能力和团队合作精神。而对于中学生来说，教学内容可以更加复杂，可以引入一些技术含量高、挑战性大的项目，以激发他们的竞争意识和自我挑战精神。

在选择教学内容时，必须科学合理，避免出现安全隐患或者对学生产生负面影响。教师们需要认真评估每个项目的风险，并采取相应的安全措施，确保学生在参与体育活动时不会受伤。此外，教学内容还应该注重对学生正确观念的培养。体育教育不仅仅是让学生掌握一些运动技能，更重要的是通过体育活动培养他们的健康意识、团队精神和比赛精神，使他们成为全面发展的人才。

大学阶段的民俗体育教学内容同样需要根据学生身心发展规律进行调整和设计。大学阶段的民俗体育教学内容应当注重挑战性、文化性和心理健康性，通过多样性的项目满足学生的需求，促使他们在运动中获得更全面的身心发展。同时，教学内容的设计应当贴近实际生活，融入当地的传统文化元素，激发学生对民俗体育的兴趣，提升其对传统文化的认同感。

（三）编写民俗体育教材，推广民俗体育教育成果

在当前阶段，民俗体育初步引入了课堂教学，各学校纷纷根据自身条件选择适宜的项目，并设计了可行的大纲。然而，成功的民俗体育项目资源必须被编写成教材，以便快速推广至各学校，实现正规化教学，尤其是针对正在开发的项目。因此，教育部门应高度重视此事，组织研究并分解任务，同时体育部门需要与体育教师和传统体育专家商讨合作。其中包括田间调研和拜访民间艺人，以收集丰富的素材。

在编写教材的过程中，需要妥善处理多个方面的考量。首先是思想性与科学性的统一，其次是知识与技能的广度与深度的平衡，还包括原始特色与现代竞技元素的和谐融合。只有成功编写的民俗体育教材才能真正促进教育改革，增强民俗体育教学的实力，并实现公平机会共享，解决师资力量落后学校的教学困境。

在当前形势下，编写民俗体育教材势在必行。这不仅可以巩固民俗体育在学校教育中的地位，更有利于培养具有家国情怀的新时代人才。因此，各相关部门需要紧密合作，共同推动民俗体育教材的编写工作，以实现教育资源的优化配置，为国家人才培养体系的健全发展做出积极贡献。

第四章 乡村旅游与民俗体育文化的互动发展

乡村旅游是指游客到乡村地区旅游，旨在感受乡村的自然风光、人文历史和当地的传统文化。近年来，随着城市生活的快节奏和压力的不断增加，更多人开始将目光投向乡村，希望在清新宜人的自然环境中放松身心、寻找内心的平静。同时，乡村旅游也为当地居民带来了新的机遇和变革，促进了当地经济和社会的发展。基于此，本章探究乡村旅游及其市场规划、乡村旅游与民俗体育文化互动的方式与作用、乡村旅游与民俗体育文化互动的路径。

第一节 乡村旅游及其市场规划

一、乡村旅游的重要性

乡村旅游在一定程度上能够推动农村经济发展，但我们不能将其仅仅视为一种经济手段。从本质上来看，乡村旅游是为了构建理想的农村家园，应

第四章　乡村旅游与民俗体育文化的互动发展

被看作是建设新农村的一种文化手段，是人类心灵栖息地的天堂。乡村旅游的动力模型指出，乡村文化是发展乡村旅游的原动力，它需要在整体文化意象上与城市文化有所区别。这要求构成乡村文化意象的每个元素都具备乡村文化的内涵和特色，乡村旅游的生命力也源于此。乡村旅游的重要性体现在以下方面。

第一，乡村旅游有助于城市对乡村的带动。乡村旅游可以促进城乡之间的互动，有利于城乡统筹发展。通过乡村旅游，来自城市的游客在不知不觉中将城市的政治、经济、文化和意识形态等信息传递到农村。同时，农民在与游客的交流中自然而然地接触到了现代化的意识观念和生活习俗，农民素质也因此得到提高。

第二，乡村旅游有助于国民经济的增长。乡村旅游不仅符合城镇居民回归自然的消费心理，而且有利于拓展农民的眼界。乡村地区拥有丰富的旅游资源，乡村旅游业的发展极大地丰富了旅游产业的供给体系，将成为中国旅游产业的主要支撑。

第三，乡村旅游有助于弘扬地区的特色。乡村的优势和特色主要表现在其独特的景观和不可替代的资源。即便是相同的乡村地域景观和资源，它们在不同区域中的呈现也会衍生出不同的自然特点和文化传统。发展乡村旅游的客观基础在于这些区域展现的相对优势和特色。合理的农村产业结构应在市场结构的基础上形成合理的地域分工，充分发挥各地的优势和特色，从而促进地域经济系统的良好运行。产业结构的形成应因地制宜，各地乡村的产业结构根据自身的发展条件而异，因为各地在自然环境、资源条件、劳动力状况和基础设施等方面存在显著差异。乡村旅游的特色之一是产业化经营基地和丰富的人造景观。以我国中部地区为例，该地区是粮棉油的主要产区，拥有丰富的耕地资源和适宜的气候条件。这些专业化的农业产区同时也是丰富的乡村旅游资源，各具特色和优势。

二、乡村旅游的特点与功能

（一）乡村旅游的特点

乡村旅游对游客的吸引力主要体现在乡村特有的自然景观和极具特色的人文景观上。乡村旅游以农村地区的美丽风光、自然环境、特色建筑和乡土文化等资源为基础，不仅局限于农村休闲观光和农业体验的旅游模式，还积极开发会务度假、休闲娱乐等项目，形成了一种新兴的旅游方式。与其他旅游相比，乡村旅游的核心竞争力主要体现在其自身特点上。

1. 可持续

乡村旅游在社会、经济和生态层面均具有显著效益，有助于实现人与自然、社会之间的和谐相处。乡村旅游强调"三生一体"理念，不仅能够保障农业生产功能，提升经济效益，而且是一种可持续发展的旅游方式。尤其是近年来兴起的休闲农业，借助乡村天然资源，通过综合开发，将农业传统生产功能延伸至观光、休闲、采摘、加工等产业链，特别是采摘项目，为农户带来了可观、持续而稳定的收入，同时也减少了雇佣成本和农产品运输、存储、销售等方面的开支，实现了低成本、少投入、快见效的经济效益。

2. 乡村性

在现代社会中，生活节奏不断加快，城市工作和生活带来各种压力，使乡村成为一个宁静的休闲胜地。乡村凭借其优美的田园自然风光和独特的传统风俗民情，为人们提供了与城市截然不同的生活体验。乡村还保留着与城市不同的饮食习惯，为疲惫的城市游客提供了短暂的放松时光，重新获得轻松和愉悦。对自然的向往是根植于中华民族精神的深厚渴望，自古以来即存

第四章　乡村旅游与民俗体育文化的互动发展 ◎

在对归园田居的歌颂。乡村以其怡人的风光和温馨的饮食吸引着游客，并为他们提供了一个放松和休息的空间。乡村特质是乡村旅游的基本特征，使乡村在吸引城市游客方面具备竞争力。乡村丰富的传统生活方式、各类农业劳作器具和农村生产体验等吸引着城市游客的关注，为他们带来了旅游的新奇和愉悦体验。人们来到乡村，可以尽情享受悠闲的乡村生活，品味乡村的烧烤美食，坐在星空下欣赏星星，深入了解乡村并体验乡村旅游的快乐。

3. 费用低

旅游常被视为高消费活动，乡村旅游与其他形式的旅游相比，具有低成本的优势。乡村旅游以其低消费的特点吸引了大量中低收入水平的游客。其中一个原因是乡村旅游经营者多为当地农民，他们依赖现有资源为游客提供服务，无需大量前期资金投入和高额运营成本。这使得乡村旅游的开发成本降低，相应地也降低了游客的消费水平。

4. 景观丰富

乡村地区拥有丰富的传统旅游吸引元素，其旅游开发主要体现在土地利用和市场拓展方面。乡村旅游向游客展示了千年生态文明和农耕文明的历史积淀，乡村的每一片土地、每一株植物都具有鲜明的地方和民族特色，以及浓厚的乡土气息。乡村自然风光宜人，乡村风土人情独具魅力，丰富的风味菜肴、古老的村落建筑、原始的劳作方式和传统的手工制作等吸引着游客。这些"古、始、真、土"的景观特质是乡村特有的资源，吸引着城市居民参与丰富多彩的乡村旅游活动，如风光摄影、古镇探访、秘境探险等。

5. 时空多样

乡村地区的景观在不同季节呈现出多样形态，不同地区的乡村也有着截然不同的风情。时空的多样性是乡村旅游资源的显著特征，主要体现在季节和地域的差异上。地区的气候、地形地貌等因素影响着乡村居民的生活和发展，形成了不同的风俗习惯，因此不同地区的旅游有明显的差异。特别是在中国，南方和北方、东部和西部的乡村差异明显。

季节差异是影响乡村旅游的重要因素，因为乡村旅游在很大程度上依赖于自然植物和农作物的状态，以及乡村地区的气候和环境。随着季节的变化，乡村地区的旅游资源也呈现出不同的面貌。春季有花香，夏季有绿荫，乡村在一年四季都呈现出不同的景象，这种季节变化带来了不同的风光，也带来了各种当季特产。然而，乡村旅游通常存在淡季和旺季，导致乡村资源在某些时期处于空置状态，乡村居民的收入也因此出现季节性波动。

6. 参与和体验

乡村旅游与城市旅游在旅游方式上存在明显差异。城市旅游往往以纯观光为主，而乡村旅游赋予游客参与感。游客在乡村不仅可以欣赏美丽的自然田园风光，还可以参与具体的农家活动，亲身体验劳动的乐趣。在农家乐中，游客有机会体验最原始的制茶工艺，亲自参与采茶、炒茶、泡茶等全过程，或者参与田地劳作，亲手采摘水果和蔬菜。在渔家乐中，游客还可以尝试垂钓、划船等活动。来到乡村旅游的人们不再是纯粹欣赏风景的观光客，而是能亲身走进田间地头感受最朴实的乡土风情，体验最真实的农家生活。

乡村旅游具有强烈的体验性特征，这也是吸引游客的重要因素之一。乡村旅游不仅包括观光游览活动，还涵盖娱乐、健身等体验性旅游活动。游客既可以欣赏优美的田园风光，又能满足参与的愿望，使他们在农耕农忙中获得全新的生活体验。乡村旅游内容丰富，融合了观光游览、康养保健、休闲度假、寻根访祖、科普研学、民俗体验等多个方面，满足了当前旅游消费结构的多元、个性化需求。在观光农园中，游客可以全程参与农业生产，在果

第四章 乡村旅游与民俗体育文化的互动发展 ◎

农的指导下施肥、灌溉、除草、修枝、套袋、采摘等，体验务农的过程。此外，游客还可参与采果挖笋、捕鱼捞虾等活动，学习当地传统食物制作技艺，更好地深入体验乡村农户的生活，了解乡村真实面貌，融入当地风土人情，而非仅作为欣赏风景的匆匆过客。

一些节庆和赛事也能够强化游客的实际旅游体验，如河北赵县梨花节、满城草莓采摘节融合了观光摄影、采摘购物等元素；体育类活动如环衡水湖国际马拉松赛，美食类节庆如青岛国际啤酒节，艺术类活动如河北涞水野三坡国际音乐节等。这些旅游景点和赛事活动融合了体育、美食、文化、艺术等多个元素，依托当地乡土资源举办活动，既能吸引游客，又能促进当地经济增长。城市居民是乡村旅游的主要参与者，尤其是那些长期生活在城市的人，他们渴望逃离都市的商业氛围，寻找乡村的纯净和宁静。这些城市居民对乡村旅游充满向往和期待。

7. 城市为依托

乡村旅游主要吸引城市居民，因为乡村的自然和生产形态使其主要以休闲为导向，而乡村观光的素材相较自然或人文景观甚至城市建筑景观较为有限。乡村相对较难吸引远距离的游客，因此该旅游形式的主要客源集中在周边地区。浓厚的乡土气息是乡村旅游的特色之一，因此对于原居住在农村的人来说，乡村旅游并不具吸引力。相反，对于那些长期生活在城市中，对高度商业化都市产生厌倦的人来说，逃离城市成为一种向往。由于工作压力和空气质量等原因，他们渴望通过乡村旅游寻找清新空气和宁静环境，因此对乡村旅游抱有憧憬和期待。

（二）乡村旅游的功能

1. 审美享受

乡村地区的自然风光给人以宽广心灵的感受，具有极高的自然审美价值。田园生活是许多都市居民的向往，而归园田趣则是我国悠久传统的文化意境。乡村拥有清新、无污染的空气，丰富的生态绿色蔬果以及精致的农村田园生活。城市居民长期生活在繁忙的都市中，缺少大自然的田野和广阔的天空。当他们踏足乡村，将感受到一种愉悦的审美体验，这正是乡村具备的审美功能。

2. 缓解压力

乡村旅游的一大特色在于其休闲氛围。乡村生活拥有与城市不同的悠闲节奏，人们按照传统的生活方式，日出而作，日落而息。乡村生活成为都市人释放生活和工作压力的有效途径。游客抵达乡村后，会放下沉重的负担，遗忘生活中的烦恼，舒缓心灵中的压力与不愉快。乡村旅游因此成为缓解压力的理想去处。

3. 教育体验

随着城市化的不断发展，许多儿童从出生开始就生活在城市中，对土地和农作物缺乏了解。为了弥补这一不足，许多家庭选择带着儿童前往乡村旅游，通过旅行教授他们有关农业生产和大自然的知识。儿童通过参与农业游戏，了解农业生产的奥秘，通过品尝乡村菜肴，了解植物和蔬菜。在欢乐的乡村游玩中，儿童不仅获得了乐趣，还积累了关于自然的知识。

4. 居民致富

乡村旅游的发展带动了乡村地区的繁荣，实现了城市资源向乡村引流，由城市发展带动乡村经济的提升,进而增加了乡村居民的收入水平。这是我国推动乡村旅游发展的重要目标。随着乡村旅游的兴起,大量游客涌入乡村地区,他们具有较大的消费潜力,吸引了资本涌向乡村,推动了乡村地区的发展。乡村地区的产业和基础设施建设为当地居民提供了大量就业机会,使他们在家门口实现个人价值,并得到相应的劳动报酬。这一系列产业发展改变了乡村地区的经济面貌,提高了居民的生活水平,使之逐渐走向富裕。

5. 改变乡貌

随着乡村旅游的推广,大量城市居民涌入乡村,带来了新的思想和观念,对乡村居民产生了冲击,拓宽了他们的视野,更新了思想观念。乡村的生态环境、社区居民的精神风貌以及乡风文明等得到了显著改观。

6. 文化传承

在中国城市化进程中,城市发展模式同质性显著,而乡村地区保留了许多传统元素,包括民族古老的生产生活方式、建筑聚落以及民俗节庆。因此,乡村地区成为民族文化的重要保留地,通过乡村旅游,城市居民可以了解传统文化,感受悠久的古老风情。

生态旅游的发展不仅依赖于实践活动的探索,也需要深化理论研究。在全球范围内,生态旅游已经发展为一种重要的旅游方式。虽然初期生态旅游的实践比理论更为先行,但随着生态旅游的不断成熟,理论研究逐渐成为实践的重要指导。当前,全球旅游业正从传统的观光旅游产品模式转变为多样化、自由化、综合化的多元旅游产品模式,同时朝着实现人的全面发展的方向迈进。生态旅游不仅成为旅游产品的重要类型和旅游活动的重要内容,也成为现代旅游者提高生活质量、实现自我发展的有效途径。

三、乡村旅游的内容与模式

（一）乡村旅游的内容

旅游的六大要素是"吃、住、行、游、购、娱"，乡村旅游的内涵是以乡村文化为主的"乡村性"。乡村旅游的主要内容就是乡村性在"吃、住、行、游、购、娱"等方面的具体表现。

"吃"：美食对中国人来说是一个永恒不变的话题。美食不仅可以填饱人的肚子，也蕴含着各地的风土人情。美食通常是乡村旅游资源的重要组成部分，旨在让游客充饥的同时，更好地了解当地的民俗风情，体验独特的乡村饮食文化。通过亲身体验采摘、烹饪等美食制作工艺，游客可以感受丰富多彩的乡村饮食文化，获得休闲和娱乐的乐趣。中国的地域广阔，民族众多，各地区和民族都有独特的饮食文化。因此，突出本地的、民族的、传统的"吃"文化是吸引游客的重要手段。

"住"：住宿在旅游中扮演着重要角色，为了让客人留下，这也是乡村旅游收入的重要组成部分，有助于提升当地居民的经济收入。因此，在开展乡村旅游过程中，必须治理好乡村的居住环境，提供清洁、舒适的乡村住宿环境。乡村民居建筑的风格不仅应符合当地民风，还要最大程度满足游客的审美需求。对于乡村旅游民宿的内部设计，需要充分保留乡村的原汁原味，同时注重卫生工作。总体而言，要实现乡村旅游的休闲和度假模式，解决好"住"的问题是至关重要的。

"行"：乡村旅游同样离不开行动。在夕阳下，漫步在田间地头，或者骑马驰骋在旷野，坐在牛车上颠簸在弯弯的乡村小路上，这些都是令人惬意的享受和休闲，也是乡村旅游的卖点。如何策划、组织和实施这些活动是一个需要解决的问题。

"游"：即游览，乡村可供游览的景点众多，如乡村聚落、民居、梯田、果园、牧场以及丰富多彩的自然风光。要想办法将乡村打造成一个富有乡村文化特色的大"花园"，让游客流连忘返。

"购"：即购物，乡村旅游的购物品类主要包括两大类：一是乡村土特产，包括水果、有机蔬菜、传统养殖的畜禽及其附属农产品；二是当地特色的手工制品，如纪念品、民族服饰、民族装饰等。在乡村旅游活动中，购物环节可以融入"游"与"乐"中，如让游客参与水果蔬菜的采摘，参与手工制作，通过这种方式让游客感受其中的乐趣。

"娱"：即娱乐，乡村的节日庆祝和婚嫁活动通常具有较强的娱乐性。通过深入挖掘乡村的民俗风情，提升其参与性和体验性，是乡村旅游发展的重要内容。

（二）乡村旅游的模式

1. 乡村旅游开发模式

（1）政府投资开发的公有模式。政府投资开发的公有模式是一种以政府主导，决策权由政府负责的乡村旅游开发模式。通常情况下，这种模式更适用于人口密度较小、产业规模较小的地区。

第一，政府投资开发的公有模式需要投入大量的资金，为此政府投资具有一定的优势。由政府主导开发的乡村旅游项目，村民也比较放心，同时乡村旅游所产生的收益也不会外流。在乡村旅游管理过程中，由政府出面更容易和村寨进行沟通，办事效率也会大大提升。当然这样的开发方式也存在一定的问题，其主要表现为政府不仅要花费大量的资金进行乡村旅游基础设施建设，同时也要承担乡村旅游发展中的风险。通常情况下，这样的开发模式会形成投入与产出不对等的现象，会在一定程度上加大政府的财政压力。

第二，处理好政府与村民之间的集体关系。在这种开发模式下开发乡村旅游，政府要处理好自身与村民之间的矛盾，在整个开发过程中村民无法参与其中，为此乡村旅游开发也缺少了村民的支持。如果村民无法在乡村旅游中获得相应的收益，那么他们势必会阻碍乡村旅游的开发。

（2）政府协调，投资商独资的模式。开发商投入资金，以换取资源，这是一种开发商出资金、村民出资源的合作开发方式。由政府主导，才能较好地架起当地村民与投资商的联系桥梁，协调当地村民与投资商的关系，解决投资商与村民的矛盾，给投资商和当地村民政策保障。同时成立村旅游开发管理委员会，由村民选举有知识有才能、代表村民利益的成员组成，全权负责和协调本村的旅游开发事宜。乡村旅游管委会、投资商与政府共同商讨开发方式，形成开发方案。协议中注重村民的参与，保障村民参与的权利，如培训受教育的权利，优先招工录用的权利等。地方政府要监督协议的执行情况以切实保障双方的权益。

通常情况下，旅游开发商更偏好这种开发模式。在这一模式下，开发商无需直接与村民打交道，省去了许多潜在的麻烦。同时，由政府负责处理乡村旅游开发与村民的关系，使整个关系更为简单明了。政府在这个过程中也减轻了更多的风险，只需协调开发商与村民之间的关系。当然，这种开发模式也存在一些问题。从开发商的角度来看，他们可能会担心与村民在后期的协商以及协议是否能够顺利执行，主要是因为在乡村旅游发展的过程中可能会涌现许多意外问题，从而引发新的矛盾。

（3）由村委会与投资商合作开发的模式。村委会与投资商合作开发的模式虽然未充分发挥政府的主导和引导作用，但在发达国家和村民素质较高的地区也有成功的案例。这种乡村旅游开发模式存在较大的弊端，旅游开发商

第四章　乡村旅游与民俗体育文化的互动发展 ◎

需承担较大风险，同时村委会也面临较大的风险。在没有政府参与的情况下，无论是旅游开发商还是村民，都难以百分之百信任对方，导致双方合作缺乏稳定性。此外，在没有政府参与的情况下，大多数乡村受长期封闭的影响，难以独自完成投资开发的协商工作。缺乏政府干预的情况下，乡村也难以对旅游开发商进行制约，可能导致开发商为追求短期利益而损害乡村的长期发展利益。

2. 乡村旅游依托模式

（1）景区依托型。依托景区的乡村，通常位于景区附近或景区内。这些乡村往往相对贫困，与景区形成明显的对比。乡村居民渴望通过旅游发展直接获得经济效益的愿望通常非常强烈。以游客到达景区为主要市场的开发有助于丰富旅游活动内容，缓解社会矛盾，提升景区吸引力，延长游客停留时间，增加旅游地收入，提高景区整体品位。

第一，名镇名村型。含古村镇、现代典型乡镇（如小康村）、名人故乡、影视基地、奇闻轶事发生地、革命纪念地等。如黑井、和顺、剑川县的一些古村落等。

第二，典型农业景观型。以特有的典型农业景观为依托。这种农业景观本身就具备吸引远程旅游者的能力。如元阳梯田附近村落、罗平油菜花景观涉及的村落、蒙自万亩石榴园等。

第三，典型民俗民风型。特有的、典型的民俗民风具备较强的旅游吸引力，能吸引远程旅游者。如中甸下给民俗村、版纳傣家乐、芒市三台山等。

第四，边境型。位于边境地区，形成特有景观。如瑞丽一镇两国、一村两国特色景观、盈江那邦镇等。

第五，特有生态景观型。以特有的生态景观的强吸引力为依托。

（2）交通依托型。交通依托型乡村通常位于临近高速公路、铁路或主干道的地区，交通便捷。其客源市场主要来自过往游客或附近城镇。虽然距离客源市场相对较远，但随着国内私家车的普及，为这类乡村带来了巨大的乡村旅游发展商机。相对于其他类型的乡村，城市游客可能更加注重旅游产品的生态因素，尽管城市游客市场规模较小，但其消费水平可能更高（目前的有车族多为经济较宽裕的群体）。城市游客的市场还可能从城市或大型工矿区拓展到小城市或小集镇。在我国的许多地方，可能形成沿高速公路或交通主干道分布的特殊"高速公路带"乡村旅游景观。由于其主要客源为中程旅游者，对文化、生态等方面的要求与其居住地的差异更大，以原生态、原文化和强刺激为特点。

四、乡村旅游的需求与种类

（一）乡村旅游的需求

1. 乡村旅游需求因素

通常情况下，乡村旅游是社会经济发展到一定程度后的产物，而乡村旅游需求的产生往往受主体和客体因素的影响。

（1）主体因素。目前，我国乡村旅游的客源主要由城市居民构成，因此他们是乡村旅游市场的主体。要产生乡村旅游需求，旅游者必须具备足够的收入和时间条件，这是乡村地区周边城市成为相对稳定的客源市场的基本条件。

第一，可支配收入。人们可以任意决定其用途的收入，通常是人们从事社会经济活动而得到的个人收入扣除所得税的余额。可支配收入的提高不仅是产生乡村旅游需求的前提，而且对出行距离及旅游内容等也具有决定性影响作用。改革开放之后我国社会经济得到了较快的发展，人们的生活水平得到了全面的提升，在物质生活条件改善的情况下，人们的消费观念以及消费结构发生了较大的变化，同时对旅游的需求也日益增加。随着人们生活水平的提升，人们不再将目光放在温饱问题上，而是转向生活质量的提升，人们希望拥有一个健康的生活，为此对健康方面的消费也有所增加，这也在无形中使人们增加了在旅游观光、休闲度假方面的消费支出。乡村旅游具有休闲娱乐的功能，这也迎合了当前城市居民的需求。

第二，闲暇时间。闲暇时间是开展旅游活动的重要条件，只有人们拥有较多的闲暇时间，他们才能抽身参加旅游。随着我国社会生产力的提升，生产效率大大提升，这在一定程度上为人们腾出了更多的闲暇时间，进而使人们的旅游需求增加，而城市附近的乡村便成为人们旅游的首选。

（2）客体因素。乡村旅游的产生与发展并不是偶然的，它具有一定的物质基础，如农业结构变迁、城市化进程加快、物质生活水平提高、交通道路建设以及闲暇时间增多等。

第一，交通条件。无论是何种类型的旅游活动，其发展都紧密依赖交通运输条件。随着现代航空运输技术的进步，成功地将游客与旅游目的地之间的空间距离最大限度地缩小。然而，我国的旅游交通发展尚不完善，这制约了游客进行远距离旅游的可能性，因此短程旅游成为主导趋势，而乡村旅游恰好符合这一特点。通常情况下，乡村旅游地需要有良好的基础设施条件，而其中交通便利是最为关键的因素。可进入性是制约乡村旅游发展的关键因素之一。根据国内外经验，乡村旅游地最好位于距离城市近郊两小时车程以内，同时周边地区的道路条件宜具备较好的风景名胜资源。

第二，农业基础。乡村旅游是建立在农业资源物质基础上的旅游活动，具有鲜明的农业特色。作为农业大国，我国拥有广阔的国土面积和优美的自然风光。我国丰富的农耕文化历史为乡村旅游提供了独特的底蕴，而随着科技信息技术与农业的融合发展，中国现代农业正朝着高技术含量、高环境效益、高价值含量的三高农业和无污染、无公害的绿色农业方向发展。因此，展现农耕文化主题的田园风光、高科技农业生产等成为乡村旅游不可或缺的资源基础。此外，乡村旅游主要依赖现有的村舍、农户自家的土特产品等提供旅游接待服务，成本低、投入小，经济效益显著，具有一定的竞争优势。同时，乡村旅游的易模仿和易操作等特点降低了从业难度，形成了丰富的旅游资源基础。

2. 乡村旅游需求弹性

任何时候供求关系都影响着乡村旅游的规模和旅游者数量。通常这些关系可以用需求弹性——一个来自经济学的概念来衡量。所谓的旅游需求弹性主要指的是旅游需求对影响因素变化的敏感性。一般情况下，对需求具有较大影响的因素有以下三个。

（1）旅游需求价格弹性。所谓需求价格弹性，即商品价格与需求数量之间的关系。价格在根本上是影响旅游需求的基本因素。具体而言，当旅游价格上涨时，需求下降，反之亦然，二者呈负相关关系。在某种程度上，乡村旅游需求价格弹性可视为乡村旅游经营者定价的指导原则。乡村旅游定价的影响力可通过需求函数的具体计算来揭示。需求函数反映了旅游消费者对旅游目的地的需求行为和支付意愿。估算旅游需求曲线需基于抽样调查数据，包括客源地居民到乡村旅游地的人均旅游花费、乡村旅游所占比例、平均停留夜数等指标。

在设定价格升降以改变收益时，了解价格和需求数量之间的关系至关重要。例如，对于乡村旅游市场而言，如果该市场具有较大的价格弹性，降价可能是有效的,因为价格下降的百分比较小,而出租率和收益增加的百分比较大。相反,在价格弹性较小的乡村旅游市场,降价可能导致企业损失。

制定适当的定价策略对于乡村旅游的发展至关重要。尽管我国乡村旅游已取得显著进展,但相较于其他旅游领域,仍然处于竞争劣势,宜采用中低档的价格定位策略。此外,为解决乡村旅游同质化问题,吸引更多忠实客户,可以采用低价位的策略。不同细分市场的旅游需求弹性各异,应采取差异化的价格定位策略。对于依托中型、大型城市的乡村旅游地,主要客源是附近的城市居民,他们对价格较为敏感,适宜采用低价位的策略。而对于依托自然风景名胜区的乡村旅游地,客源主要是自然风景名胜区的游客,他们对价格的敏感程度较低,适宜采用中档位的价格策略。

(2)旅游需求收入弹性。旅游开支需要一定费用,因此人们可支配收入与旅游需求紧密相关。当个体无法支付旅游费用时,旅游需求难以转化为有效需求。从某种程度上说,一个地区居民的旅游次数可通过需求收入弹性来衡量。一般而言,人们的可支配收入越高,其旅游需求越大,反之亦然,呈正相关关系。人们的收入水平对旅游需求有着十分重要的影响,二者之间的关系通常呈现正面关联。在我国,旅游支出的弹性为1∶14,显示了我国旅游需求对可支配收入的较大敏感性。

(3)旅游需求时间弹性。旅游产品需求在一定程度上受到可支配的闲暇时间的制约。这是因为旅游消费属于一种特殊形式的消费,必然需要耗费一定的时间。具体而言,随着人们闲暇时间的增加,旅游需求也相应增加,反之亦然,二者呈正相关关系。

(二)乡村旅游的种类

乡村旅游的种类有很多,从不同的角度可以有不同的分类。

1. 按旅游对象来划分

（1）农田依托型。农田依托型乡村旅游通常建立在当地特色农业基础上，如甘蔗林、橡胶园、花卉园等。游客到达后可以亲自参与采摘，感受独特的乡村文化，同时还可以参加当地的民俗活动，如赛马、射箭、荡秋千等。以中国昆明团结乡的苹果园为例，每年都会举办大型采摘活动，吸引大量游客前来参与，为当地创造了可观的经济效益。

在澳大利亚，每逢周末或节假日，居民们会与家人一同到附近的农场小住几日。而在美国，当水果园的果实成熟时，农场主会通过登报方式邀请游客前来采摘度假，游客可以免费品尝水果，呼吸新鲜的郊外空气，累了可以在树下休息，到了晚上还有农场主提供的农舍休息和当地美食品尝。通常情况下，人们选择乡村旅游的主要目的之一是为了欣赏乡村的田园风光，体验乡村的野趣。然而这种单一的观光游览难以满足游客更高的旅游需求，因此人们将更多关注点放在乡土文化特色与乡土人文景观上。一些学者对北京、上海等城市居民进行的乡村旅游意愿调查显示，大多数游客希望通过乡村旅游感受农民的生活感觉，同时，有不少城市居民表示体验乡村生活的乐趣也是他们出行的主要动机之一。这不仅反映了城市居民对乡村旅游的需求，同时也凸显了乡村旅游发展的文化倾向。因此，在发展乡村旅游时，应以乡村自然风光为基础，深入挖掘乡村文化特色，提升乡村旅游的吸引力，以满足更多游客的需求。

（2）农村依托型。农村依托型乡村旅游主要以农村为基础，其涵盖的旅游资源涉及多个方面，包括乡村聚落景观、乡村宗祠以及乡村建筑等，如环状的传统民居、土楼（如客家土楼）、窑洞（如黄土高原的窑洞）等。一般情况下，农村依托型乡村旅游地主要将当地的原始自然生态景观、人文景观、历史文化和民俗风情等融合，形成独具特色的乡村旅游胜地，如广西桂林的阳朔渔村。在这样的乡村旅游地，游客能够欣赏到丰富的传统民居和地方的民俗风情。当地居民则可以充分利用这些旅游资源，开发出具有浓厚民俗特色的旅游产品。随着社会经济的发展和城市生活的快节奏，人们对乡村慢生活节奏的向往日益增强。因此，他们在闲暇时间里渴望到乡村小住几天，以此来放松身心。

（3）复合型。在复合型乡村旅游中，旅游对象不是以某一种类型为主，而是包括多种内容，如农业景观、民族风俗、各种建筑、聚落形态，甚至包括附近的山水景观和周边优美的生态环境。这是一种内容丰富、活动多样的类型。

2. 按对资源和市场的依赖程度来划分

（1）资源型。资源型乡村旅游对资源的依赖程度较大，同时它们的资源品位也较高，具有丰富的特色。但是这种类型的乡村旅游的交通并不是十分的便利，但是却拥有丰富的旅游资源，可以对游客产生较大的吸引力，为此将其开发成旅游胜地，如云南丽江的泸沽湖。

（2）市场型。市场型乡村旅游对市场的依赖程度较大，通常情况下它们距离经济发达的城市较近，如城郊的农家乐，这种类型的乡村旅游可以满足城市的旅游需求，同时也具有一定的乡村气息。此外，这种类型的乡村旅游往往与现代科技进行了结合，并在此基础上发展为观光农业，如上海浦东的孔桥、江苏苏州未来农业大世界等。

3. 按科技含量来划分

（1）现代型。现代型乡村旅游具有较高的科技含量，通常位于中型、大型城市附近。这些地区一般建立在现代农业的基础之上，充分利用现代科技，形成现代农业的典范。例如，科技观光型农业旅游不仅为城市居民提供新鲜时令果蔬，同时也为他们提供观光旅游服务。

（2）传统型。传统型乡村旅游一般科技含量较低，主要通过自然化的乡村旅游资源吸引游客，如云南滇西南的刀耕火种的生产方式、丽江的泸沽湖等。通常，这类乡村旅游以不为常人所熟知的传统农业生产方式为主要卖点。例如，法国乡村的葡萄园与酿酒作坊，游客不仅可以参观葡萄酒的制作过程，品尝美酒，还可以购买葡萄园的葡萄酒，与商场购买相比有着独特的体验。

五、乡村旅游的环境分析

（一）乡村旅游的宏观环境

通常情况下，宏观生态环境主要是从全局角度出发，对乡村特色的大尺度景观以及其空间格局的描述。例如，农村用地结构（从宏观生态环境的角度来分析，其主要包括农业用地、宅基地、公共用地以及绿化用地的比例与结构方面的情况）、乡村文化（农耕文化、社会风貌以及聚落风貌等）。

1. 经济环境

一个地区的社会经济发展程度和总体水平，包括区域社会经济发展的阶段特征、地区综合国力和国民经济发展水平，不仅影响着该地区乡村旅游的开发程度，同时也直接影响当地居民的旅游水平。通常情况下，经济环境主要涉及以下两个方面。

（1）需求经济环境。经济发展水平直接决定了一个地区居民的旅游能力，而这种持续的旅游能力是促进当地乡村旅游发展的前提和基础。一般而言，乡村旅游的主要客源为城市居民。因此，乡村旅游地附近的城市居民数量、城市规模以及城市发展水平对其持续发展有着十分重要的影响。这些因素是乡村旅游资源开发的重要依托，同时乡村旅游地周围的城镇布局、服务配套设施的数量、种类和规模等在很大程度上决定了乡村旅游需求的基础经济环境。目前，乡村旅游在发达国家取得了较好的发展，并成为国内度假稳定性较强的旅游方式之一。

（2）供给经济环境。经济水平决定着投资建设的能力，主要因素包括开发资金、乡村劳动力保障、建设用地条件等。

2. 开发资金

一般而言，乡村旅游的开发最终都以资金的落实和资金的投入为主，同时这也是保障乡村旅游项目开发的直接要素。因此，在判断乡村旅游开发的可行性时，需要充分考虑财政的供给情况，确保资金能够按期到位。这不仅需要对国家及地方财政划拨、税收利润留存、计划投入等进行分析，还需要评估和判断各相关部门的投资能力、群众的集资状况以及海内外资金引入的可能性。

（1）劳动力保障。劳动力的数量、质量、产业构成以及其转化的潜力都是乡村旅游供给必须重视的方面。确保有足够的劳动力参与旅游项目的建设和运营，同时提高劳动力的技能水平，有助于项目的顺利进行和提升服务质量。

（2）建设用地条件。开发所在地的用地情况直接关系到项目的布局和工程投资的规模，因此需要对开发规划区域的面积、地形、工程地质以及水文情况进行分析评价。这样可以判定规划用地对开发利用的适用性和经济性，为项目的可持续发展提供基础支持。

3. 产业背景

产业背景包括目的地和客源地两方面的产业发展情况。对于目的地而言，当地的经济发展状况在一定程度上直接影响乡村旅游的开展。如果乡村旅游建立在农业发展较为成熟的地区，当地的特色农业将为乡村旅游提供源源不断的动力。从乡村旅游客源地的角度来看，如果客源地经济发达，将为乡村旅游的持续发展提供相应的推动力。

（1）农业基础产业情况。通常情况下，一个地区农作物的种类、产量以及商品率都与该地乡村旅游的发展密不可分。如果一个地区的农作物种类繁多，将为乡村旅游发展提供更多的开发素材。当地农副产品的种类、数量以及供应效果较好，也将对乡村旅游发展产生重要影响，因此需要认真研究分析当地的农业基础。此外，农业科技水平也会对乡村旅游的发展产生一定影响，直接决定了乡村旅游的风格，即传统乡村旅游风格与现代农业风格，或是二者融合的恬淡风格。

（2）相关基础产业情况。乡村旅游的开发不仅涉及农业农村领域，还涉及其他领域，如水、电、能源、通信、交通等。虽然这些是乡村旅游发展的配套设施，但它们直接影响了乡村旅游的开发利用程度，也直接决定了乡村旅游开发的投资效益。

4. 区位背景

区位背景主要是指旅游地与其他旅游地的位置和空间关系。一般来说，区位背景对乡村旅游的开发具有十分重要的影响，它直接决定了乡村旅游开发的方向和未来的发展轨迹。此外，区位背景还直接关系到乡村旅游的生死存亡。通常情况下，中型、大型城市周围的乡村旅游区的旅游资源品质并不是很高，但它们基本上可以满足人们日常休闲的需求，同时距离城市较近。自然风景名胜区类型的乡村旅游的旅游资源的品位较高，因此其旅游资源具有较大的吸引力。我们可以通过分析乡村旅游地所依托的城市或景区的时空距离以及客源市场情况来评估其区位优势，如果距离那些对休闲度假有较大需求的大城市或自然风景名胜区较近,那么其区位优势就大,反之则区位优势较小。具体来说,包括以下内容。

(1)资源区位。资源的结构通常直接影响资源的区位。一个旅游景区的繁荣发达不仅受到资源绝对价值的影响,还受到资源相对价值的影响,即风景旅游区在空间位置与邻近区域资源的组合结构。在同一地区的两个旅游景区中,如果一个旅游景区的资源价值较高但缺乏知名度,那么其本身的价值就难以发挥出来。此外,如果这个旅游景区的资源与其他景区雷同,它将在市场竞争中处于劣势。

(2)客源区位。位置的远近一般直接决定客源区位。城市居民是乡村旅游的主要客源,他们的大部分闲暇时间集中在周末和节假日。同时受经济因素的影响,他们的旅行往往会考虑距离的远近。只有在他们可承受的范围内,才会做出旅游购买决定,因此乡村旅游中游客的购买意愿往往受到距离的影响,并随着距离的增大而减弱。

(3)交通区位。通常情况下,线路状况直接决定一个地区的交通区位。乡村旅游地游客的多少不仅受到距离远近的影响,同时也受交通环境的影响。一般来说,城市居民利用周末时间与亲朋好友出游的目的是休闲娱乐,因此他们更期望旅游地的交通顺畅、便利。

5. 旅游环境

旅游成为区域支柱产业的同时,旅游行为成为城乡居民生活方式的一部分的时候,旅游时代全面到来,即乡村旅游的发展有了宽阔的空间。城乡两地自然与人文环境差异越大,即形成旅游吸引力的落差、势能就越大,其吸引游客的可能性也越大。

（二）乡村旅游的微观环境

乡村微观环境主要是指乡村旅游中的具体环境，如接待设施、乡村建筑风格、旅游标识、服务态度等。一般情况下，乡村旅游的开发务必要建立在良好的乡村自然生态环境基础上，而对乡村旅游开发有直接影响的自然生态环境主要包含四个方面：地貌、气候、土壤、水文等。

第一，地貌。地貌因素直接决定了乡村旅游地的地表形态，为此它直接影响了乡村旅游开发的可行性以及旅游项目用地的条件。

第二，气候因素。具体来说，气候因素主要包括气温、降雨等自然气候条件，该因素在某种程度上影响着当地农作物的类型。同时，在一定程度上决定了乡村旅游景观的观赏季节。此外，气候因素也直接影响游客的进入时期。

第三，水文因素。水文因素对乡村旅游开发的影响主要表现在两个方面：①影响旅游地的生物生长与分布；②影响游客的生活用水质量。

第四，土壤因素。土壤是农作物生长的根本保障，旅游地的土壤是否肥沃直接影响了生物的生长情况，同时也影响乡村旅游的各类设施的土地条件。一般情况下，乡村旅游地应选择一个土壤肥沃、排水良好、土质稳定的缓坡地区进行开发。乡村旅游因受自然条件影响而具有强烈的季节性和地域性，所以开发地区的综合自然条件在一定程度上确立了其开发类型和方向。

六、乡村旅游的市场规划与资源发展

（一）乡村旅游的市场规划

1. 乡村旅游市场规划的理念

（1）旅游规划三元论。旅游规划实际上就是为旅游者创造出差异感，包括时间与空间的差异、文化与历史的新奇、生理心理上的满足。其中有三个不同的需求，具体如下。

第一，旅游活动和与它相关的文化历史和艺术，指的是旅游环境中的历史文化、风土人情、风俗习惯等，规划要根据人们日常的行为活动进行相关的经营运作。

第二，景观时空层面，对于环境中空间布局的规划，以及区域总体、景点的时间、空间的设计等，都需要根据景观布局进行合理的需求规划。

第三，环境、生态、资源层面，包含土地利用、地形、水体、动植物、气候、光照等自然资源和人文资源结合的方面。规划要对其进行调查、分析、评估、规划、保护，从生态层面对自然景观进行合理规划。现代旅游规划同样包含了三个方面：①以"旅游"为核心的群体心理规划和项目经营；②以"景观"为主，进行优美环境的合理规划创造；③以"生态"为核心的旅游生态保护。

（2）景观生态学理论。景观生态学是生态学的一个重要分支，主要研究在一定区域范围内，许多不同生态系统构成的景观之间的相互作用以及未来动态变化趋势。景观生态学的研究重点集中在较大的空间范围和较长的时间尺度内，研究由多个生态系统构成的生态景观的演变过程。研究内容包括景观空间异质性的发展和相关动态、异质性景观之间的相互作用和变化、空间异质性对一些过程的影响，包括生物和非生物、空间异质性的相关管理。生态设计是具有生态学意义的设计形式，它协调与生态过程相适应，尽量减少对环境的破坏影响，以改善人居环境及生态系统的健康。这种理性人居环境应包括人类与地理环境、代谢环境、生物环境、社会环境、经济环境和文化环境的生态关系。

2. 乡村旅游市场规划的特征

（1）战略化特征。乡村旅游规划的制定对于乡村旅游的发展具有决定性的影响，可以说是乡村旅游发展历程中最为重要的文件。因此，在制定乡村旅游规划时不能只关注眼前的利益。应该从战略的角度协调乡村的长远利益与眼前利益，以促进乡村地区社会经济的发展，同时也确保乡村旅游的持续性。

（2）多元化。乡村旅游规划的多元化特征主要表现在两个方面：一方面是乡村旅游规划的制定人员、制定方法的多元化。单纯依靠一个专家进行乡村旅游规划毫无疑问是不现实的，因此需要不同学科的专业人员协作进行乡村旅游规划，并在规划过程中根据需要灵活采用不同的技术手段。另一方面是乡村旅游规划内容的多元化。乡村旅游规划并非简单地对旅游进行规划，而是要综合考虑乡村的社会因素、文化因素等，只有这样才能够保证乡村旅游与乡村融为一体，因此在内容上呈现出多元化的特征。

（3）系统化。乡村旅游规划并非一项独立的工作。作为乡村精神文明建设与经济发展的主要推动力，乡村旅游与乡村社会的各个因子都有着密切的联系，因此在进行乡村旅游规划时应将其视为一项系统工程，综合考虑乡村旅游与其他社会因子之间的关系，以确保乡村旅游与其他社会因子之间的协调性，实现最终目标。

（二）乡村旅游的资源发展

1. 乡村旅游资源的特征

（1）乡村性。乡村性是乡村旅游资源的核心特性，是乡村旅游资源区别于其他类型旅游资源的标志。

（2）和谐性。乡村旅游资源是人类与自然环境长期互动、相互影响形成的产物。这一过程是人与地理环境不断磨合的结果。在人与自然环境长期相互作用下形成的乡村旅游资源，是自然环境和人文环境各要素组成的复杂而和谐的整体。任何要素的变化都会引起乡村景观之间的差异。乡村旅游资源既受自然规律支配，也受社会规律的影响，形成了一个复杂的系统。当人们了解自然规律、遵循生态学原理，并实现人地关系的协调时，大自然将给予人们恩惠，促进乡村社会经济的发展；否则，将受到大自然的惩罚。

经过与自然环境的反复较量，人们逐渐认识并掌握了自然规律。人类不能主宰自然界，只能与自然界平等相处。乡村的自然和人文资源应该是和谐搭配的，包容了自然和人文资源的乡村社区也应该是和谐的。这是实现可持续发展旅游的必经之路，主要包括：①旅游资源开发、管理规范：组织工作到位，卫生和治安状况良好；②各主体间利益关系和谐：分配制度合理，政府与居民、居民与居民之间的人际关系总体上友好、融洽、和睦；③乡村旅游资源相关的各主体和旅游业的关系和谐：社区参与动力充沛，各主体自觉支持乡村旅游的发展；④人与自然和谐：旅游资源区环境优美，动植物生态良好；⑤产业和谐：乡村旅游产业结构合理，经济稳步、协调发展，居民收入逐年递增；⑥居民与游客之间的关系和谐：乡村居民对游客报以欢迎态度，游客的旅游印象良好；⑦与周边资源区和谐：乡村旅游资源具有一定的知名度和良好的口碑，本地乡村旅游的可持续发展不会影响相关地区的利益。

2. 乡村旅游资源的评价

乡村旅游资源评价就是对乡村旅游资源所进行的分析、比较和研究，目的是查明现有的乡村旅游资源具不具备开发价值，具备多大的开发价值。可以从以下一些角度进行评价。

（1）吸引力。吸引力包括以下三个方面：

自然吸引力：即观赏价值，体现在自然景观的美感、奇异、独特、新颖、稀缺、特殊的象征意义、美景度、独特性、稀有性、特殊价值等。

文化吸引力：即历史文化价值，包括历史渊源、文化传统、文化品位、风俗民情、民间节庆、悠久的历史传说、名人遗迹、社会时尚等。

科学吸引力：即科学价值，对科考旅游具有吸引力。例如，西安半坡村遗址是著名的旅游资源，它具有重要的科学价值，可用于研究母系氏族后期的经济状况、生产方法、生产工具、生活方式、居住条件、婚葬习俗等。

（2）知名度。知名度是人们对该旅游资源了解和熟悉的程度及认识的广泛程度。许多旅游资源其美学价值并非很大，但知名度较大，其开发潜力也就大，因为旅游者，特别是大尺度空间旅游的旅游者倾向于选择知名度大的旅游地进行旅游，乡村旅游更是如此，"口碑效应"对于乡村旅游者而言，能够起到巨大的引导作用，知名度是人们形成旅游动机的重要因素，所谓"慕名而来"在很大程度上影响着乡村旅游者的旅游决策。

（3）可进入性。当从居住地到旅游地的单调旅行所需时间与在线旅游的游玩所需时间的比值小于某个临界值时，人们才会做出选择到该旅游点旅游的决策。在做出旅游决策时，人们通常追求最小的旅游时间比，因此乡村旅游资源的可进入性显得尤为重要。可进入性指的是旅游者进入该旅游资源所在地的难易程度，主要取决于交通条件和交通方式。道路状况差、交通工具不便等因素会增加旅游者的进入难度。即便交通条件良好，如果乡村旅游资源距离城市较远，旅途时间过长或费用过高，也可能导致旅游者难以进入。以昆明西山区卧云山乡村旅游片区为例，尽管该片区拥有秀美风景和多彩民族风情，但由于离昆明主城区较远，当天返回十分紧张。相比之下，虽然棋盘山、团结乡一带资源不如卧云山丰富，但由于该地区乡村旅游开展得有声有色，游客数量远高于卧云山。

（4）环境容量。环境容量是指旅游资源所在地在一定时间内能够容纳的旅游者数量。容纳量的合适值不能一概而论，因为乡村旅游资源的性质和环境各不相同，导致容纳量的合理度存在很大差异。例如，博物馆和森林公园的容纳量合理度就有很大区别。在博物馆中，每五平方米容纳一位参观者可能被视为不算大的密度，但对于森林公园来说，相同密度可能已经很大。计算环境容量可以采用不同的方法，同时，对于不同性质的乡村旅游，也需要采用不同的计算方法。

第二节　乡村旅游与民俗体育文化互动的方式与作用

一、乡村旅游与民俗体育文化互动的方式

（一）在民族节日中呈现

文化是在不断发展变化的。发展乡村旅游过程中，游客带来一些新的理念、新的生活方式，这种异民族文化的入侵，使得当地传统文化受到考验。有些异民族文化要素被当地人直接吸收，并纳入当地文化结构中，产生了新的文化要素，从而重塑村落民俗体育文化。随着外来文化的入侵和新型体育运动的推广，每逢传统节日和大型活动，诸多的村落都会举行节日的庆典，节日

庆典大多数活动项目包括民俗体育项目重现舞台,比如苗族鼓舞、上刀山、下火海,苗族人对节日的庆典比较重视"三月三""四月八"。

(二)在民俗博物馆中呈现

民俗博物保存对本民族发展有着深远的意义,发展乡村旅游可以促进民族文化的传播、传承和发展。游客对本土文化的了解方式是游览民俗博物,民俗博物反映的是民族的历史文化,可以使游客了解民族的发展历程。通过游览民俗博物,游客会对乡村旅游和村落民俗体育文化的形式产生具体认识,并形成一个框架。可见,保护好的民俗博物对于乡村旅游和村落民俗体育文化的融合至关重要。

随着时代的进步,物质文明趋向于精神文明,人们的综合素质大幅度提高。文化是人类的文明体现,每个民族都有自己所属的文化,每个阶段文化呈现的是当时的生产生活方式,历史车轮向前翻滚,每个片段的衔接代表着整个发展的连续性,任何事物的发展都是有根据的,不存在无中生有。中华民族上下五千年,优良的传统必须发展、传承、延续,我们处于"新时代"的阶梯,发展到今天都离不开任何一个时期的文化传承。任何一个村落的民俗体育文化都代表着这个民族的体育文化文明,文化的文明只能是向前发展,不能让其倒退。村落民俗体育文化的传承更有利于乡村旅游的发展,进而促进村落的文明和进步。

学者们对于民族的元素保护意识和探索欲望逐步增强,从被动地接受转向主动探索研究。民族文化是展现这个民族的财富和精神,作为民族的儿女,对于自己民族的文化有依恋和敬畏之情,有义务和责任去让本民族的文化传承和发扬。村落民俗体育文化源于乡村,它更加淳朴、更加贴近生活、更加能体现民族的元素,是致力于乡村旅游发展的动力,人们对于民俗体育文化的保护和传承的意识更加强烈。

二、乡村旅游与民俗体育文化互动的作用

（一）民俗体育文化是乡村旅游的新型资源

一个地区旅游产品的开发，要以当地旅游资源为前提。不同旅游区在旅游资源上都有自身的独特之处，它直接影响当地旅游产品的吸引力和竞争力。由于现代社会城市生活压力越来越大，社会竞争越来越强，生活在城市的人们对乡村休闲、朴实、回归自然的生活方式越来越向往。因此，他们在乡村旅游可以体会乡村的异己文化。在乡村旅游资源开发的时候，一定要深挖本土村落民俗体育文化的内涵，形成具有本土特色的乡村旅游资源。

例如，凤凰县是一个少数民族聚居地，土家族和苗族占据全县总人口的三分之二。凤凰村落民俗体育文化中少数民族文化气息很浓厚，特别是苗族文化在当地比较突出，也很有特色，如苗族鼓舞、苗族武术等。乡村旅游发展的着眼点就是突出乡村特色，而乡村特色东西有力地表现于村落民俗体育文化之中。村落民俗体育文化也将在乡村旅游起到决定性的作用。乡村的历史变迁、民俗风情、民间工艺、民间故事、特色饮食等，都保留着中国农业文明的文化因子。这些村落民俗体育文化的价值和吸引力体现在它与现代城市文化对比反差强烈，这种城乡生活环境、生活模式的强烈对比成为乡村旅游的卖点，不断吸引着城市人们和各国游客前来旅游观光。

（二）民俗体育文化是塑造乡村旅游的品牌

乡村旅游业要想打造品牌，还必须要有特色的东西。由于区域差异的存在，各地村落民俗体育文化都具有自身特色。这种独特的村落民俗体育文化就是乡村旅游资源最深层的内涵和最本质的特征，也是打造乡村旅游品牌的依据

和基础。把握当地村落民俗体育文化是乡村旅游开发中文化定位的关键所在，它也将决定着旅游开发的成败。

随着旅游业的蓬勃发展，各地打造旅游品牌的意识越来越强烈，这也是旅游业愈趋成熟的表现。在旅游业竞争中品牌是一种强大的无形的力量，更是一种促使旅游业坚持可持续发展的宝贵文化资源。旅游品牌的打造，必须要有其自身的特色。例如跳竹竿的欣赏性、娱乐性和参与性，将有助于吸引游客，加大乡村游景点的独特性。

（三）民俗体育文化提高乡村旅游的层次

旅游作为一种特殊的活动，其吸引力源于对人们不同层面需求的满足。人的需求可分为物质需求和精神需求，而旅游者的需求同样包括这两个层面。物质需求是基本的、相对容易被满足的需求，如食宿、交通等；而精神文化层面的需求则是高层次、难以满足的需求，代表着旅游者对于深度体验、文化交流和情感共鸣的追求，是旅游者追求的最高境界。

在旅游业中，旅游企业要想保持存在的基础，必须能够全面满足游客的需求，特别是精神文化层面的需求。如果旅游企业只注重满足物质需求，而忽略了精神文化方面的关注，那么将失去游客的心，也将失去市场的竞争力。为了满足游客的精神文化需求，旅游企业应该充分利用当地的文化特色，开发具有独特文化内涵的景点。这就需要通过不同形式的旅游活动，向游客展示当地的历史、传统、艺术等方面的文化，从而引起游客的兴趣和共鸣。地区的文化是独一无二的，难以模仿复制，因此，乡村旅游景点可以通过开发民俗体育项目来加大竞争优势。

民俗体育项目的开发不仅有助于提高景点的竞争优势，更能够提升整体旅游的层次。通过设计各具特色的体育项目，旅游企业可以让游客在参与中体验当地的传统文化,激发游客对当地文化的兴趣。这种参与性强、体验感强的旅游活动,既可以满足游客的精神需求,也为景点吸引更多游客提供了可能。

在开发乡村旅游景点时,需要全面考虑旅游层次问题。不仅要满足物质需求,更要深挖文化内涵,发掘村落的民俗体育文化元素。通过有针对性地开发,使村落具有更为丰富的文化特色,进而优化配置旅游资源,提升整体竞争力。

(四)民俗体育文化是增强乡村旅游的吸引力

乡村旅游作为一种新型的消费资源,正在迅速崛起并受到广大游客的喜爱。一些古老的村落因为保留了古老的建筑、原生态的自然风光以及淳朴的民俗,成为人们休闲旅游、怀念历史、追忆往事、感受文化的理想去处。在这些古老的村落中,村落民俗体育文化是古文化的传承者。这一层面的文化不仅体现在传统的建筑和民间艺术中,更体现在民俗体育活动中。发展乡村旅游需要珍视这些古老村落的资源,充分发掘其深厚的文化底蕴和内涵。这不仅有助于保护和传承乡村的历史文化,也为游客提供了更为丰富和深刻的文化体验。

乡村旅游的兴起不仅推动了古老村落的发展,同时也促进了村落民俗体育文化的传播和传承。随着游客的增多,这些民俗体育活动逐渐成为吸引游客的亮点,从而增强了政府和当地村民对其保护和开发的意识。为了更好地满足游客的需求,乡村旅游目前正致力于推动村落民俗体育文化的系统化和规范化。

随着乡村旅游的不断发展,村落民俗体育文化的运营管理机制也将更加完善。这包括活动的策划、组织、宣传等方面的工作,以确保游客能够全面、深入地了解和体验这些独特的文化元素。同时，乡村旅游的兴起也促使民众对民族文化的保护意识逐渐增强，更多人开始关注和参与到这一文化传承的过程中。

第三节　乡村旅游与民俗体育文化互动的路径探索

乡村旅游与民俗体育文化之间存在着深刻的互动关系，这种互动既促进了乡村旅游的发展，也为民俗体育文化的传承注入了新的活力。下面以凤凰县为例，探究乡村旅游与民俗体育文化的互动路径。

一、加强政府主导职能

民俗体育文化的发展是一个长期而复杂的工程，它需要政府部门的支持、指导和适度引导。乡村旅游的迅速发展虽然带动了经济的繁荣，但也给旅游生态环境带来了一系列挑战。外来文化的涌入可能导致当地文化的变迁，因此在推动乡村旅游业的同时，我们必须注重协调文化与自然，探索合适的文化传承方式，考虑自然的可持续发展，最小化资源浪费，以促进乡村旅游业的蓬勃发展。

为了保护和传承民俗体育文化，建立文化保护机构是至关重要的。这些机构应该坚持"在发现中传承，在传承中弘扬"的原则，通过对当地文化的深入挖掘和记录，建立起一个完整的文化档案，以防止传统技艺和传统体育

第四章　乡村旅游与民俗体育文化的互动发展 ◎

在时光的冲刷中失传；鼓励人民群众参与文化保护，提高他们的参与度，使更多的人能够敏锐捕捉民俗文化的藏身之所，从而实现对传统文化的共同保护。在具体操作上，还需要建立民俗体育文化遗产传承机制。这意味着要加大对物质文化遗产的保护力度，修理和修建传统体育和民间体育的器材和场地。这不仅有助于保存体育文化的实物遗产，同时也为后续的传承和发展提供了必要的条件。此外，鼓励和培养年轻人学习民俗体育和体育技能也是非常关键的一环。通过推动体育教育，培养年轻一代对民俗体育的热爱和理解，可以确保这一传统在未来得以传承。这包括在学校中加入更多与传统体育相关的课程，组织体育赛事和活动，为年轻人提供展示和发展的平台，以确保他们积极参与到传统体育文化的传承中。

（一）政府引导，加大财政投入

民俗体育旅游产业的发展与政府政策息息相关，政府的支持在推动产业发展的过程中起着至关重要的作用。特别是在凤凰县这样一个具有悠久历史和丰富文化传统的地方，积极争取国家、省政府、地方政府及相关部门的支持显得尤为迫切。政府的支持应该是全方位的，包括资金支持、技术援助、优惠政策和发展建议等。其中，资金支持被认为是最为关键的一环。为了实现这一目标，凤凰县可以通过多方面的途径争取资金的注入。一方面，政府可以向国家和省级政府争取更多的财政支出，将相关资金用于民俗体育旅游产业的基础设施建设、宣传推广和人才培训等方面。另一方面，政府可以实施税收减免政策，减轻企业负担，激发其在该产业中的投入热情。此外，引导合作提供优惠贷款也是一个可行的手段，帮助相关企业更好地发展。政府的支持不仅仅是一种政策，更是推动实际发展的关键。只有有力的政府支持，民俗体育旅游产业才能在各个方面迎刃而解，实现稳健而高效的发展。同时，乡村民俗体育文化的开发和发展也需要在政府的统筹规划下进行。科学发展是保障产业可持续发展的基石。政府可以通过制定合理的规划和政策，引导产业在发展中减少对环境的破坏，实现生态与经济的双丰收。同时，政府还应加速发展速度和深度，通过鼓励创新、加强人才培养等措施，提高产业的竞争力。此外，政府还可以通过宣传推广等手段提升该产业的知名度，吸引更多的游客和投资者，推动产业的良性循环。

（二）正确规划，着手长远发展

企业要想在激烈的乡村旅游产业竞争中脱颖而出，还必须拥有自己的特色，而凤凰县的旅游产业正能通过将民俗体育文化与乡村旅游相结合，展现出独具魅力的特色。关键在于在县市人民群众的积极配合下，选择既适合凤凰县特点，又具有鲜明特色的民俗体育旅游项目。

在乡村旅游中发掘和整合民俗体育文化元素，将其巧妙地融入旅游项目中。这需要对凤凰县的地方文化进行深入挖掘，找到与乡村旅游相契合的元素。可以结合当地的传统节庆、民间传说，设计出独特的民俗体育活动，使游客在参与过程中能够亲身感受到当地独有的文化底蕴。

科学规划和管理是确保旅游项目成功的关键。通过科学的规划，可以有效整合资源，确保各个环节的顺畅运作。同时，科学管理能够提高项目的运营效率，确保游客在体验中能够得到良好的服务。这一系列的科学手段将为项目的发展奠定坚实的基础。

（三）加强合作，取长补短

在当前激烈的竞争环境下，合作不仅是摆脱困境的有效手段，更是实现可持续发展的关键因素。因此，凤凰县的旅游产业可以与邻近省份（贵州、湖北、重庆）加强沟通合作，形成合力，共同推动乡村旅游与民俗文化的繁荣。

（1）与邻省的合作可以实现取长补短，互相借鉴经验、避免教训。每个地区都有其独特的文化和旅游资源，通过合作可以实现资源共享，发挥各地的优势。例如，贵州省可能有丰富的少数民族文化资源，湖北省可能在自然风光方面具备优势，而重庆则可能在城市文化和旅游设施方面更具竞争力。通过深化合作，凤凰县可以吸取他们的成功经验，快速提升自身的旅游品质和竞争力。

（2）与国内知名旅游企业和国外合作，可以为凤凰县带来更广泛的视野和更丰富的资源。国际合作可以为当地提供国际化的服务水平和管理经验，吸引更多国际游客，提升凤凰县在国际旅游市场的声誉。同时，国内知名企业的合作也可以带来更先进的管理理念和技术支持，助力凤凰县的旅游业更好地适应市场需求。

（四）加大宣传，提倡群众参与

凤凰县目前已经是一个小有名气的旅游县城，可以利用其现有的知名度，对乡村旅游与民俗文化融合的独特性进行宣传，扩大其知名度，吸引更多的游客，促进经济增长。凤凰县在发展乡村旅游过程中还应广泛动员人民群众参与，提高其参与的热情和积极性，鼓励人们参与民俗体育运动，形成爱运动的氛围，进而培育体育民俗旅游文化市场，为发展凤凰县乡村旅游民俗文化作贡献。文化是大家的，保护和传承也需要靠大家来完成。

（五）优化产业模式，加强人才培养

每一个行业都有自己独到的经营模式，优质的经营模式是一个行业的关键。乡村旅游与民俗传统体育的融合，作为凤凰县独到的旅游亮点，这也意

味着新的挑战，对于一个新兴产业，也必须有独到的经营方式。然而，任何一个行业的发展都离不开优秀的人才，乡村旅游与民俗体育旅游业的融合，由于民俗体育项目的特殊性，所以它更离不开专业的人才作为支持。乡村旅游和民俗文化旅游是一个较为新颖的项目，产业逐渐发展起来，可是专业的人才储备还不是很到位。目前相关民俗体育旅游业的人才相当匮乏，这也是凤凰县发展民俗文化旅游业的一大障碍。为此凤凰县很有必要与各高校、职业学院合作，培养与民俗体育文化旅游有关的人员，为发展民俗文化产业做贡献。

二、深化民俗体育文化内涵

在乡村旅游资源开发中，要以当地文化资源作为开发基础，深挖村落民俗体育文化内涵，突出旅游地文化特色。

第一，突出民族特色。凤凰县作为少数民族聚居地，尤其以苗族和土家族为主，其丰富的文化底蕴是乡村旅游的宝贵资源。在这一点上，可以以民族节日为例，深入挖掘苗族和土家族的传统节庆，如苗年、土家芦笙节等，通过举办传统庆典、展览等形式，让游客近距离感受和参与当地的民俗文化。同时，关注饮食习惯、传统手工艺等方面，建立相关体验项目，使游客在品味美食、亲手制作传统手工艺品的过程中，深刻体验到当地独特的文化氛围。凤凰县还可以考虑融合周边乡镇的民族文化资源，建立一个综合性的民俗体育文化展示区。通过集中展示，游客可以一站式感受不同民族文化的精髓，增加了解和体验的便捷度。这种集聚效应将最大程度地激发文化资源的活力，提高凤凰县民族文化的吸引力。

第二，突出地方性特点。每个地方都有其特有的地方性知识，这是社群和民族在自然环境中生存发展所积累的宝贵经验。凤凰县所处的自然生态环境与其他地方有所不同,而这种不同正是它的地方性特点。例如,可以通过挖掘当地独特的自然景观、地方传说故事等,打造特色的生态旅游线路。结合当地的自然资源,发展一些具有地方特色的体育项目,如登山、徒步等,使游客在感受自然美景的同时,还能体验到独特的地方风情。这样的开发方式不仅能够吸引更多游客,也能够推动当地经济的可持续发展。

三、实现民俗体育文化开发与乡村旅游保护并举

在推进乡村旅游发展时,不能盲目扩大规模追求经济利益,也不应抑制旅游业发展只为保护村落民俗体育文化。应坚持"两手都要抓,两手都要硬"的原则,奉行"在开发中保护,在保护中发展"的理念。因此,在乡村旅游资源开发中,要明确旅游资源开发与保护之间的关系,实现既充分开发乡村旅游资源,又保护好村落民俗体育文化资源。

首先,旅游开发的目标是更好地展示民族文化。作为一个统一的多民族国家,中国的农村拥有丰富的乡村民族文化资源。通过科学合理的旅游开发,可以向游客展示这些文化宝藏,使游客在饮食、娱乐等方面深刻感受村落民俗体育文化的独特之处。

其次,保护的目的在于更好地推动乡村旅游发展。在乡村旅游资源开发中,需谨慎处理保护问题,避免因开发而导致的人为破坏。通过申报各级非物质文化遗产项目和评定非物质文化遗产传承人,促进对村落民俗体育文化的学习和传承,起到适度保护的效果。这种保护措施既有助于保护民族文化传统,也为乡村旅游提供了更为可持续的发展空间。

四、保持民俗体育文化与城市文化的差距

任何文化都不是静止不变的,它随着周围自然和社会环境的变迁而持续演变。文化的进化过程中,民族充当着文化的连接者,文化与民族相互牵动,不断发展演进。因此,对凤凰村落民俗体育文化的保护不能以刻板的方式进行,应以发展的视角看待文化保护。民俗体育文化是不断变迁的,如何在变化中保持其特色,需在以下方面加以关注。

首先,保持与城市的区别。由于文化是不断发展变化的,尤其是受到异民族文化影响,文化必然经历耗散重组的过程。在这个过程中,为了保持吸引力,村落民俗体育文化需要与城市文化保持一定的差距。只有在存在差距的情况下,村落民俗体育文化才能保持其独特吸引力。

其次,摒弃城市中心论。传统观念认为城市是社会发展的核心,是乡村发展的最终目标。这种观念可能导致乡村将城市的发展作为自身的目标,模仿城市人的生活方式,逐渐缩小与城市的差距。这会使村落民俗体育文化逐渐趋同于城市文化,失去本土特色。因此,我们不能将城市发展作为乡村发展的唯一目标,而应让乡村保持独特的文化特色,从而促使民俗体育文化得以保留和发展。

五、调动村民积极性,保护民俗体育文化的进程

村民是乡村旅游的受益者之一,同时也是凤凰村落民俗体育文化的传承者和主体保护者。为了更好地发展和弘扬民俗体育文化精神,需要充分调动本地村民的积极性和主动性,使他们成为村落民俗体育文化的保护和传承的积极力量。

首先,通过加大宣传和教育的力度,使本地村民全面认识到村落民俗体

育文化的重要性。作为发展乡村旅游的新型资源，村落民俗体育文化对于乡村的发展至关重要，因此需要摒弃对其的忽视，以确保乡村旅游的基础不会因失去这一文化资源而受损。

其次，统一村落民俗体育文化的保护与村民的利益，通过文化的发展和创新直接提升本村的影响力。这样一来，村民可以更直观地认识到保护村落民俗体育文化与他们个人的切身利益紧密相连。只有通过让当地村民认识到保护这一文化是对他们自身利益的积极贡献，才能真正激发他们保护文化的积极性。

最后，通过相关部门组织多样化的民族文化活动，提高乡村民俗文化的知名度，加深村落民俗体育文化的影响力。创造乡村旅游特色品牌，推动民族传统文化在人们心中的认同，强化对本民族文化的传承和保护意识，培养更多的民俗体育文化继承人。通过这些活动，可以促进文化的传承和保护，提高当地村民对文化保护工作的自觉性。

六、强化乡村旅游与民俗体育文化传承机制运行

旅游业的快速发展对村落民俗体育文化传承主体的本民族文化认同感产生了弱化的影响，加之文化产品的商业化，这些因素都可能导致民俗体育文化传承机制的混乱，从而影响该文化的传承与发展。在凤凰，许多乡村旅游景点都包含民族文化表演环节，成为展示乡村民族文化的重要窗口。

随着民俗表演形式的逐渐成熟，当地村民和景点经营者或许会误以为，民俗表演就等同于村落民俗体育文化，而游客通过观看民俗表演就可以领略村落民俗体育文化的精髓。这种误解会导致旅游地的村民过度依赖民俗表演来展示异民族文化，却忽略了自身承担的村落民俗体育文化传承责任。久而久之，传统民俗只能在表演中得以体现，而村民在日常生活中的习俗逐渐受

到异民族文化的同化,导致村落民俗体育文化传承出现断层。

为推动村落民俗体育文化的发展,应当促使乡村旅游实现多元化。多元化的乡村旅游不仅直接刺激游客,吸引他们的兴趣,也对村落民俗体育文化的发展产生积极影响。将民俗体育文化作为乡村旅游的一种"捆绑式"免费项目,不仅促进了该文化的传承,也为当地居民带来了经济收益。通过这种方式,乡村旅游与民俗体育文化形成相互促进的关系,为该文化的持续发展创造了良好的环境。

第五章　全民健身与民俗体育文化的互动发展

全民健身与民俗体育文化的互动发展有助于促进身体健康、社区凝聚力以及传统文化的传承，需要各界共同努力，充分发挥体育和文化在社会发展中的综合作用。本章研究全民健身及其促进作用、全民健身与民俗体育文化的内在关联与作用、全民健身与民俗体育文化的互动策略。

第一节　全民健身及其促进作用

一、全民健身及其发展

（一）全民健身的解读

全民健身等相关概念的多次出现，使全民健身得到继承与发展，同时也使其内涵不断充实和丰富。这些概念的出现，只是不同历史时期，人们对全民健身概念不同的表述形式或不同的侧重点而已。

1. 全民健身的内在动力

我国全民健身事业的发展不能只依靠国家的支持和推动，更要培养人民群众主动参与到健身运动中来，主动学习健身知识、发扬健身精神，只有这样才能使全民健身事业长久发展。

（1）传统的体育健身模式已经不适应当代的大环境，自主体育运动更能够发挥出广大人民的创造力和积极性，目前在学校中已经初步实施自主体育模式，目的在于激发学生参与体育运动的自主性，提高学生的创造能力和与同学之间的交流能力。自主性体育把体育空间交给学生，让学生自己制定目标，设计活动内容，完成目标。充分发挥学生自主运动的性质，让学生们做自己愿意做的运动而不是在教师的强制性要求下进行体育活动，充分发挥了学生的积极性。当然，自主运动也有缺点，学生在自主运动中容易忽略安全，造成受伤，也就对教师提出了一定的要求，教师要提前经过筛选，选出比较适合学生且运动难度低不易受伤的几项运动，并在运动开始前对学生进行一定的技巧指导，在学生运动的过程中，教师需要与学生交流，及时与学生沟通，引导学生体育健身运动，形成一个以学生为中心，老师进行指导的课堂氛围。在活动结束后，教师要对学生进行评价指导，让学生更好地了解和改进体育运动。通过这种方式来使学生爱上运动，积极主动地参与运动，更好地推动全民健身运动的发展。

提高自主性可以促进全民健身事业的长久发展，把人们的观念从"要我健身"转变到"我要健身"就是提高自主能力的过程。"要我健身"即健身运动是由他人组织、他人主导的活动，依赖别人的想法，自身只需要参与其中，完成任务即可，在他人的引导下缺少主动性，缺少创造性；而"我要健身"则是由内到外，把外在的客观需求转换为内在的自觉需要，在自己内心的呼唤下主导整个过程，在积极的态度下发挥创造力，完成有效率的健身活动，从中找到自身的不足，再思考如何改进。

第五章　全民健身与民俗体育文化的互动发展 ◎

因此必须提高人们的全民健身自主性，从"要我健身"转变为"我要健身"，才能提高健身运动的质量，使全民健身理念得到真正的落实。提高健身自主性将是一个漫长的过程，在这个过程中，一方面需要经过实践来更加了解全民健身运动；另一方面需要宣传全民健身精神，让人们真正意识到全民健身的重要性。在人们提高运动健身自主性的过程中，需要有专业的技术人员指导和评价，需要有国家的支持。在全民健身中提倡自主健身原则，有利于提高生命的本质，更好地实现自身的价值，更好地使全民健身事业充实人们的生活，发展成人们日常生活中重要的一部分，最终带动全民健身事业的长久发展。

（2）健身素养是全民健身的催化剂。在全民健身计划的实施过程中，应把提高人民健身素养作为重要的目标之一。健身素养是人们从外界获取和理解传达的信息，并利用这些信息作出相应的决定，来促进自身及他人健康的能力。其中包括体育健身意识及基本健身理念、健康的生活方式和习惯、与基本健身技能有关的心理特质及理解。《全民健身计划纲要》颁布实施以后，重点指出了我国缺少对思想精神的建设，要求把培养体育健身精神作为全民健身事业发展的首要目标。全民健身素养服务于群众，全民健身运动是群众体育运动，是推动我国社会主义发展的关键。目前，我国全民健身事业的发展有了很大的进步，全民健身服务体系也初步形成。同时，人民的健身素养是检测全民健身计划实施落实的重要指标。因此，只有在具备良好健身素养的情况下，才能保证人们健康科学地健身。制订科学的锻炼计划，积极地参与健身，增强身心健康，从而催动全民健身事业的深远发展。

科学健身素养的养成需要人们首先掌握体育运动的基本特点及技巧，树立积极向上的健康观，认识到健身运动的重要性，从而提高人们参与到全民健身事业中的积极性，为培养全民健身事业的长久发展奠定基础，这样才能使人民坚持不懈且科学地进行体育运动，把体育运动当作生活中的一部分，促进身体和心理统一发展，使我国人民的体质有所增强。通过媒体的途径将全民健身精神传播给人民群众，包括电视广播、平面广告、网络宣传等方式，在生活中举办科学健身讲座，为人民发放讲解全民健身特点的书籍、组织群众观看公益宣传视频等通过各种宣传途径来加深人们对全民健身的认识，从而提高公民的基本素质。

随着社会的不断进步和全民健身事业的发展，我国人民的全民健身意识逐渐增强，参与全民健身事业的人不断增加，人民群众的体质也不断增强。由此可见，具备科学健身素养不仅有利于人民良好健身习惯的养成，还有利于培养人民群众的自主健身习惯的养成。提高健身素养是发展全民健身的最佳途径，只有养成了良好的健身素养，才能使人民群众养成正确的体育健身观念，进一步理解体育的内涵和价值，激发人民群众对体育健身的兴趣及积极性，促进全民健身事业的可持续发展。

2. 全民健身的起点与诉求

（1）关注生命是全民健身的逻辑起点。全民健身的服务对象是人，人则是一个个鲜活的生命，关注生命，关注人们的生命质量，通过全民健身运动来提高人们的生命质量，让人们不仅仅是活着，还要健康有意义地活着，这才是进行全民健身运动的目的。

第一，了解目前的社会现况。老年群体是全民健身运动中的少数群体，大多数老年人在日常生活中缺少锻炼导致患有大大小小的疾病，很多病床上的病人，每日依靠药物来支撑着生命，这样的生命无疑是没有质量的。世界上最好的医生是自己，坚持健身运动就是最好的药物。运动是良医，比任何医生都有用。适度的体育锻炼，有益健康。运动不可以盲目运动，要适度，不要过度。很多人一心想健身运动，但没有专业运动知识，于是造成盲目运动的情况，每个人都应该根据自己的身体状况来适度运动。适度的运动能够提高身体素质，比如，椎间盘中并没有血管，通过体育健身可以把身体里产生的垃圾排出。同时运动可以保持精神饱满，对身体各个部位都有促进作用。因此为了避免老年人晚年疾病的发生，社会要支持并鼓励老年人进行适量的运动来提高生命质量。

第二，人民在全民健身过程中逐渐提高自我价值。全民健身以人为起点，通过长久的体育健身使人们不断突破自己。例如，我国的"乒乓球"运动广受人们喜爱，它具有设备简单、竞技性强、健身性强的特点，通过乒乓球运动可以达到全身锻炼的目的。乒乓球比赛竞争激烈，比赛时间较长，比赛胜负起伏较大，这就极大地锻炼了人们的心理素质和身体素质；伴随着激烈和紧张的比赛氛围，对身体能量的耗费较大，这就需要参赛者有强大的意志力和优异的体质，从而在日复一日的锻炼中不断提高自己超越自己。同时，进行乒乓球运动还可以放松心情，调节压力。当今社会的人们往往在日常工作及生活中忽略对自身精神压力的调节，以至于会造成精神颓废，没有上进心，缺少自律能力等不好的社会现象。通过体育运动，人们可以忘记烦心事，调节精神压力，使内心变得冷静，避免在思想不理智的情况下做出让自己后悔的事情，能够起到促进社会和谐的作用，恢复对生活的热爱。

（2）公民意识是全民健身的主体诉求。公民运动健身意识的提高在发展全民健身事业过程中是一个重要的环节，意识的形成对人行为的影响是长久的，当形成了全民健身意识，认识到运动健身的重要性，人们才会带着积极向上的心态，主动地加入全民健身事业中来。

第一，从中小学生出发，他们是祖国辛苦培育的花朵，是未来建设社会的主要队伍，在国家九年义务教育的政策下，全国的学龄青少年均在校学习，因此在校期间培养中小学生全民健身意识的养成是关键。要求学校把培养学生运动健身意识作为一个重要的任务，保证青少年在校期间有足够的运动时间和运动场所，加强体育教学，坚决杜绝其他课程占用体育课时间。此外，学校要多举行趣味体育活动，提高学生参与运动健身的积极性，逐渐培养学生的健身意识和良好习惯的养成。除了在校期间之外，要求家长也要增强对孩子健身意识的培养，不要只注重孩子的文化课成绩，培养孩子热爱运动、全面发展才是根本。

第二，从高校教育出发，高校教育所面对的是知识水平及学习能力较强的学生，他们处于学习新事物接受新思想的最佳时期，高校体育教育是大学生人生中重要的一次机会，是与社会体育教育接轨的时期，在整个全民体育健身教育中有很重要的地位，在高校体育健身意识培养的过程中，要让学生明白自己的使命和身上所担负的重任，明白自己美好未来的创造必须有良好的身体条件作为基础。毕业后走入社会，高校毕业生将是进行全民健身事业的主要队伍。尤其是对于体育院校的毕业生来说，他们在校经过专业体育知识的学习掌握了专业的体育技能，正是当前社会最需要的体育人才，他们能指导人们正确地进行体育健身活动，避免不必要的受伤；及时掌握国家所引进的新项目、新运动，然后传播到社会上从而保持人们对体育健身运动的积极性。因此，重视高校教育中良好意识的建立，是推动全民健身事业发展的重要途径。

第三，在日常生活中增强运动健身意识。在当今社会，更多人重视物质生活，忽略了精神生活的重要性，人们往往每日奔波在工作中，逐渐消耗着自己的身体，没有意识到身体健康的重要性。身体是革命的本钱，一个好的家庭不仅需要好的物质生活，更需要家人的健康。因此在日常生活中，要发扬全民健身精神，让更多人意识到运动健身的重要性，逐渐培养运动健身意识，调动人们的运动积极性，使他们感受到参与运动的快乐，从而使更多的人能够长期地坚持运动，热爱运动，树立终身运动的意识，真正提高社会全民体质。

3. 全民健身的消费特质与抓手

（1）健身投资是全民健身的消费特质。随着人们对运动健身的热爱程度不断增强，全民健身已经成为越来越多人日常生活中的一部分，大多数人不仅仅观看体育活动，更多的人加入健身运动中来，成为"参与者"。

体育健身投资包括人们进行体育健身活动时的费用支出，即人们参与体育活动所购买的实物商品（如运动器材、赛事门票）或人们通过消费所得到的运动健身方面的价值或使用价值，来获取身心健康、提高生活质量（如健身房辅导课程等），目前人们在体育运动健身方面消耗的金额已经占日常生活消费中很重要的一部分。伴随我国社会和中国体育产业的飞速发展，人们对体育健身方面的投资也有所了解和提升，体育健身投资作为日常生活消费的一个重要部分，对我国体育类产品市场的发展乃至整个体育行业的发展起到了很大的带动作用，对于我国国民素质水平的提高以及大众健身的发展均具有很重要的意义。

在体育健身投资中，体育硬件设施占有很重的分量。在学校为了保障学生的体育健身活动，都会设有比较齐全的体育设施，包括篮球馆、排球场、足球场、塑胶跑道等这些不可缺少的硬件设施，我国大多数学校都能达到这些标准；在社会上也不例外，在各大区市都设有大大小小的体育场，体育健身服务行业随着人们健身意识的增强也发展起来，在大小城市都建有健身房、游泳馆、高尔夫球场等；在大多数小区中也具有相关配套的体育设施场地，在高档小区中还设有健身房等体育健身场所，来为人们参与体育健身运动服务；近年来跑步机、沙袋、哑铃等健身器材也深受人们喜爱，很多热爱健身的人购买自己所喜爱的健身器材放在家中。随着人们健身运动意识的增强，这些体育运动所需设备的销售量也逐年增加，为体育健身消费做出了重要的贡献。

除了体育设施之外，还有很多小型的体育健身投资。有很多资深的健身爱好者越来越追求对健身运动的专业性，于是体育投资逐渐从运动设施及装备这些实物的消费对象转换为体育精神提高所需的体育投资。现代很多年轻人工作需要电脑，长期坐在电脑前导致工作疲惫，工作压力大经常熬夜加班，因此就会造成肌张力失衡产生疼痛，于是很多年轻人在健身房购买健身课程来进行康复训练，针对私人教练课程，制订针对性的健身计划，定期进行体能测试等。健身房中的减肥课程、器械使用指导课程也深受大家喜爱，健身房也会经常举行篮球、健身指导公开课等活动来吸引更多的会员加入。像体育杂志、体育报刊、体育赛事门票、报名费等也是体育健身投资的一部分。总之，体育运动投资作为现代生活投资的重要部分，对于中国全民健身事业的发展以及我国经济水平的提升有着重要的意义与作用。

（2）习惯养成是全民健身的重要抓手。习惯是经过一定的重复和实践，形成一种记忆性默认的行为。好习惯的养成对社会进步有很大的影响，好的健身运动习惯的养成对日常生活习惯的养成也有很大的帮助。习惯的养成是终身的，因此在全民健身事业发展迅速的情况下，对于体育健身习惯的养成也受到了人们的重视。良好的体育健身习惯的养成能够帮助养成健康的生活方式，如在日常体育健身活动中要注意运动的间接性，要留给身体充足的休息停歇时间，找到适合自己的运动量，避免出现肌肉受伤的情况。

4. 全民健身的品质追求与目标

（1）生活情趣是全民健身的品质追求。生活情趣是人们对于精神生活的追求，一种审美上的知足，良好的情趣生活可以放松紧张的情绪，忘记工作的烦恼，享受美好的生活，陶冶高尚的情操。全民健身可以发展人们的体质健美，不仅仅是从外在，对于内在的气质、智慧、勇气都会有所提升，全民

第五章　全民健身与民俗体育文化的互动发展

健身是通过一种独特的途径来使人们全面发展，培养良好的日常习惯、营造充满生活情趣感的生活氛围。

全民健身运动日益引领大众的生活风尚。随着我国经济的蓬勃发展，人民生活水平得以提升，人们在忙碌的工作之余，有了更多的时间投入到各类运动中。越来越多的人通过锻炼来提升生活品质，体育运动不仅满足人们消费需求，更是满足他们对高品质、高情趣生活的追求。

以瑜伽为例，这项运动深受当代年轻人的喜爱，尤其是女性。她们在忙碌的工作之余，选择与瑜伽为伴。练习瑜伽的人，即便不刻意打扮，穿着朴素，也能在人群中显得独具气质。这种修养使她们与众不同。

此外，还有一部分人热衷于晨跑。养成晨跑的习惯能增强心肺功能、有助于减肥。无论春夏秋冬，晨跑都成为这部分人日常生活中不可或缺的一部分。早晨起床，迎接第一缕阳光，呼吸着新鲜空气，让人神清气爽，保持一整天的好状态。

因此，全民健身运动不仅提高了人们的生活品质，更使他们对生活、对生命充满热爱。

全民健身引领健康的生活方式，生活习惯的养成一般是在社会文化、风俗习惯、家庭背景下经过长时间生活意识的形成。在改变不良生活习惯的过程中可以充分地利用时间来进行体育运动，来使精神获得解放，丰富生活空间，引导人们的生活世界，体验人际关系和谐带来的满足与快乐，从而建立积极向上的生活态度。

提倡人们在全民健身运动过程中通过享受运动来享受生活，提高生活质量和身体健康。通过改善生活方式保持人民身体素质的提升，通过各种渠道培养人民的体育健身意识，指导体育运动行为，养成并建立健康文明的生活习惯，并能融入日常生活，只有当全民健身运动成为日常生活的一种自觉的行为，并表现出一定的连续性和规律性，才能达到改善生活和健康质量的目的。

（2）和谐发展是全民健身的最终目标。体育运动是使身体和精神达到统一的一种活动，其中蕴含着和谐理念与和谐精神。社会的和谐发展要求人们的全面发展，因此体育运动担当了重要的历史使命。通过多样化的体育运动来促进身心和谐发展、提高身体素质、生活品质，达到和谐发展的最终目标。

目前，体育健身的作用和意义已经远远超过了"体育"简单的含义，健身体育的出现是以提高人的体质和健康水平，适应生产力发展以及人的精神生活需要为前提的。它不仅仅是人们增强体质、消遣娱乐的途径，更是放松心情、缓解社会及家庭矛盾的途径之一，通过全民健身运动培养人们身心的共同发展、增强健康保健意识，增加人与人之间的交流，加深人们对自我认识和自我价值的发现，通过全民健身使更多的人意识到了身心健康的重要性，学习了更专业的体育锻炼知识，其中全民健身在提高人们身体素质、预防疾病方面起到了很大的作用，提高了人们的自我保健能力，充分发挥了全民健身在现代日常生活中的作用。

健身运动的本质目标是提高人们的身体素质和健康水平，逐步实现现代化。通过开展全民健身运动，使人民的健康水平有所提高，同时也增强了我国人民的整体素质，使中华民族的精神有所提升，将中华民族精神发扬光大。同时，改善了人们的生活质量，提高了精神境界，丰富了生活内容，对推进我国国民素质的提高发挥了重要的作用。

（二）全民健身的特征

1. 平民性特征

体育健身是要坚持"以人为本"的基本方针，必须关注比较困难落后的农村，在农村人们意识不到健身运动的优点，很少有人主动去参与健身事业。

第五章　全民健身与民俗体育文化的互动发展 ◎

因此，在保证全面性和多样性的同时，必须保证普通的老百姓也能参与到全民健身事业中来，社会热爱体育健身的志愿者们，自愿为农村老百姓讲解全民健身运动的精神，利用农村空气环境好，场地大的优势，为农村老百姓打造体育健身场所，并把"健身操""羽毛球""乒乓球"等体育健身项目引入到农村，以此来保证全民健身的平民化。

2. 多样性特征

我国目前社会经济发展多样化，文化生活多样化，不同人对体育的需求也具有多样化，因此国家需要针对不同的需求制定多样化的组织结构，构建一个多样化的体育健身系统来供不同需求的人们选择。例如在体育比赛项目中每年都会根据社会需求来增加新颖的体育项目以保证体育比赛的多样化，在学校中也积极鼓励教师开展多样化的体育活动来丰富学生的体育生活，在日常生活中，人们逐渐创立了"广场舞""太极拳"等多样化的日常健身项目。

3. 服务性特征

我国的一切政策都是在"为人民服务"的基础上建立的，在全民健身事业上，全民健身的公共服务设施是全民健身的基础载体，国家在每个省区市都建立了体育健身场所及设有符合国家规定的体育器材来服务于人民，且开设体育专业岗位吸引更多的专业体育运动健身人员来向人们教授专业的运动健身知识，解决人们体育健身过程中出现的问题，从而保证贴心的服务体系，为人们提高体质健康服务，为改善生活品质服务。

4. 全面性特征

全民健身重在全民，包括在校的学生、工作的职工、年长的老人以及社会上的残疾人等，都要求参与到全民健身中来，因此在国家的支持下，在校学生将体育成绩计入在校总考核范围内,且增加学生在校的体育课程时间,从而提倡学生参与到体育健身事业中来,从小提高身体素质;针对工作的职工,国家体委也相应编制了不同职业的工作特点适合的职业操,来减少职业病的发生;针对年长的老人,国家建立大量老年活动中心,为老年人参与体育健身提供了舒适的场所;针对残疾人士,国家建立的所有体育健身场所为残疾人提供健身场地,且每年举办残疾人运动会,并创立适合残疾人的运动项目来鼓励残疾人参与到全民健身运动中来。从而体现了全民健身的全面性。

5. 保障性特征

全民健身运动属于群体公益性活动,保障公民享有基本的服务是必要条件,通过国家的支持以及全民的努力,使人民群众进行体育健身活动的权利得到保障,使人民群众体育健身的场所及设施得到保障,从而保障人民群众体育健身的积极性,保障人民生活水平的提高,保证人们的体质有所增强。

(三)全民健身的意义

1. 给国家层面带来效益

强健的体魄对于科技的快速发展和促进社会和谐同样具有深远非凡的意义。全民健身发展给国家层面带来的效益,包括以下内容。

(1)我国人口众多,在吃饱穿暖以后,人民对文化和体育上的追求就上升了一个层面,人们不满足于只是单纯的物质富有,强健的体魄也同样是美好生活应该具有的。毕竟大多数国民现状是吃饱穿暖幸福美满,人们对除衣食外的方面变得更为渴望,全民健身的发展不仅促进了大部分国民的身体更加健康,还满足了他们的健身需求。

(2)法律保护方面。我国的宪法以及相关法律明确规定着每个国民都有权参与全民健身，法律层面是足以保障人们参与全民健身的权利的。人们要更加清楚地意识到参加体育锻炼是自己应当享有的，法律已经为这件事情铺好了道路。

（3）全民健身作为国家根本利益的重要组成部分，承载着为人民服务的体育事业的使命。这一理念凸显了国家对国民体质的高度重视，得到了多位领导人的鼎力支持和提倡。他们认识到，强健的国民体魄是国家发展的基石，是实现民族复兴的重要保障。在这一背景下，全民健身成为国家发展战略的重要组成部分，不仅仅是为了提高竞技水平，更是为了让每个国民都能享受到体育锻炼的乐趣，保持健康的身心状态。

（4）为了更好地与国家体制契合，全民健身需要不断调整和优化。特别是在国家经济转型的进程中，全民健身作为一项重要的社会事业，需要适应经济发展的需要，激发全社会对体育活动的积极性。通过与国家经济战略的深度融合，全民健身可以更好地促进中国特色社会主义的发展，增强国家实力。这不仅仅是体育事业的发展，更是国家软实力的提升，体现了中国作为一个大国的责任担当。

（5）在全球范围内，全民健身已成为国际潮流的一部分。与此同时，国际社会也日益重视体育事业在人类健康和社会发展中的作用。为此，已有多项法律和活动致力于推动全球体育事业的发展。中国积极响应并推广全民健身活动，将对全球体育事业产生深远影响，提升人类整体体质水平。通过国际合作与交流，全民健身不仅仅是中国的事业，更是世界各国共同的追求，为构建人类命运共同体贡献着中国智慧和力量。

2. 推动群众体育全面发展

（1）全民健身战略的推进促进了体育场馆与设施的广泛建设，为人们提供了丰富多样的健身活动空间和形式。这些场馆与设施的完善是全民健身战略实施的关键基础,政府与民众积极参与其中,共同努力建设和采购所需的设施。城市建设规划应当充分考虑体育场馆与设施的布局,将其与其他生活和娱乐场所结合起来,以满足不断增长的群众健身需求。这种综合规划不仅提供了便利,也激发了人们参与体育活动的兴趣。随着场馆设施的完善,各种体育项目也得以广泛展开,从简单的跑步到各类球类运动、游泳等,为群众提供了更加丰富的体育活动选择。同时,国外体育项目的引进和传统健身项目的发扬,使得群众体育活动呈现出更加多样化的趋势。这种多样化不仅丰富了人们的体育生活,也使得更广泛的人群能够找到适合自己的健身方式,从而更好地参与到全民健身的行动中来。在这个过程中,政府的引导和支持起到了至关重要的作用,同时也需要社会各界的广泛参与和共同努力,才能够进一步推动全民健身事业的发展,让更多的人享受健康活动的乐趣。

(2)全民健身事业的蓬勃发展,不仅仅是一种运动风气的兴起,更是体育意识和参与度的显著提升。人们逐渐意识到体育活动不仅仅是锻炼身体的手段,更是一种生活态度和精神追求。随着体育实践的不断推广,对理论知识的需求也与日俱增。人们不仅要享受运动带来的快乐,还渴望了解其中的科学原理和运动技巧,从而提升自己在运动中的表现。体育知识的迅速普及,不仅仅是满足个人的兴趣和需求,更是为满足高层次的运动需求奠定了基础。越来越多的人开始参与体育活动,他们的热情和行动影响着周围的人,形成了良好的辐射效应。个体的参与不仅仅是个案,更是推动整个社会的体育氛围和文化的蓬勃发展。在国家发展评判标准中,增加体育人口数日益成为一个重要的指标。经济与国力强大的国家往往拥有更多的体育人口,这不仅反映了国家整体的健康水平,也彰显了国家的综合实力和社会文明程度。为了推动体育的群众化与社会化,不仅需要加大对体育设施的建设和改善,更需要加强对体育宣传的力度。多样化、规范化地发展群众体育,不仅能够满足

第五章 全民健身与民俗体育文化的互动发展 ◎

不同人群的运动需求，更能够培养广大群众的健康观念和锻炼习惯，使体育活动真正成为人们生活的一部分。在体育事业的发展中，个体的引领作用不可忽视。他们通过自身的行动和影响，带动更多的人参与到体育活动中来，形成了全社会共同参与群众体育的良好局面。这种共同参与不仅促进了人们的身体健康，更凝聚了社会的向心力和凝聚力，推动着国家体育事业的蓬勃发展。

（3）全民健身与竞技体育相互促进，这是一种相辅相成的关系。全民健身的普及不仅提升了竞技体育的知名度和影响力，还为其提供了宝贵的人才储备。在体育领域，大众体育与竞技体育两者并不矛盾，而是相互支持、相辅相成的关系。群众体育作为竞技体育发展的基础，承载着培养人才、普及体育知识、提升整体素质的重要使命。在世界范围内，那些竞技体育发展良好的国家往往都有广泛而健全的群众体育体系作为支撑。大众体育的推广不仅仅是简单的运动普及，更是提升国民整体身体素质和技术水平的关键途径。这为竞技体育提供了坚实的人才基础。随着全民健身理念的深入人心，越来越多的人参与到体育活动中，不仅增加了人才储备，也丰富了竞技体育的人才选拔来源。而竞技体育的发展则为群众体育提供了强心剂和科学指导。那些取得优异成绩的项目往往能够带动更多人的参与，激发起大众对体育运动的兴趣和热情。同时，竞技体育的科学训练方式也可借鉴到群众体育中，使得训练更加系统化、科学化。这种双向的促进与交流，不仅提升了竞技体育的水平和成绩，也丰富了大众体育的内涵和形式。

3. 增强国民素质与健康

以国民体质评价国家实力的观念已经成为全球共识，因此体育活动被认为是提升国民体质的有效途径之一。在世界范围内，各国都在致力于培养健康观念，而我国更是将国民体质与健康视为首要任务，并积极推行群众体育。

特别是随着全民健身运动的兴起,群众体育正迎来全新的发展阶段。这一运动的推行不仅提升了体育活动的普及度与强度,还对社会的长远发展产生了积极的影响。

改革开放以来,我国经济迅速发展,人们对生活品质提出了更高的要求。随之而来的互联网与智能手机的普及改变了人们的生活方式,加剧了社会竞争的激烈程度。然而,与此同时,文明病与亚健康现象也普遍存在,人们越来越强调健康与精力的重要性。在这样的背景下,体育活动的重要性愈发凸显。人们需要意识到并积极参与体育活动,以实现更健康的生活方式。全民健身活动不仅可以增强国民的体质,更可以促进社会的全面发展,其意义重大而深远。通过体育活动,人们不仅可以提升自身的身体素质,还可以增强社会凝聚力和团队合作精神。此外,体育活动还有助于缓解社会压力,改善人们的心理健康状况。因此,促进全民健身活动的开展,不仅是对国民体质的改善,也是对社会和谐稳定的有力支撑。

(1) 全民健身提升健康水平,乃是社会主义建设的基石。全球范围内,各国纷纷认识到健身的重要性,形成了积极的健康观。这种正确的健康观不仅是一种意识形态,更是一种行动指南,其实现路径之一便是通过提升人们对体育锻炼的认识。当人们逐渐认识到运动对身体和心理健康的益处,他们也就更愿意将体育活动融入日常生活中,从而逐步提高了我国人民的身体素质。这不仅体现了社会主义的价值观,更是社会进步的必然结果。

(2) 全民健身的推进离不开充足的健身场所作为保障。我国需要调动社会各方力量,共同参与体育场所的建设。这不仅包括政府的规划和投资,还需要广泛动员社会资本的参与,以确保建设的可持续性和多样性。将体育场所的建设纳入城市规划也至关重要,这样可以确保城市发展与全民健身的有机结合。同时,为了吸引更多人参与全民健身,需要丰富体育健身项目,建设多功能健身场所，使其成为人们休闲娱乐、社会交流的场所，从而推动经济与健身事业的共同发展。这种综合性的健身场所不仅能够满足不同群体的健身需求，还能够促进社会和谐发展，为全民健康事业注入新的活力。

（3）全民健身对于国家文化建设具有重要意义。全民健身活动为人们提供了丰富多彩的参与机会，这不仅促进了人们之间的交流和互动，还增强了爱国热情。通过日常的比赛训练，个人能够逐渐培养出坚韧不拔的意志力和克服困难的能力，这有助于个人的成长和进步。而在团队较量中，人们学会了团结协作、互帮互助的精神，从而培养了团队意识和友爱精神。此外，参与体育健身活动不仅有助于调节个人的精神状态，提高工作效率，还可以减少职业病的发生。

然而，目前我国存在着一些问题，如缺乏科学健康的生活观念和体育活动参与率低等。针对这些问题，宣传大众体育锻炼与健康观念显得尤为重要。通过广泛宣传，可以增强人们对科学健康观念的认识，从而形成良好的生活方式。同时，倡导户外锻炼也是增强国民体质的关键之一。户外锻炼不仅可以让人们享受大自然的美景，还能够更好地锻炼身体，增强体魄。

4. 促进物质与精神文明建设

（1）全民健身的推广对提升劳动者素质和促进国家经济发展具有深远的重要意义。劳动者的身体健康被视为所有素质的基石。一个强健的身体不仅能够降低伤病率，还能够提高出勤率和生产效率，从而直接增加生产力，进而推动经济的发展和综合国力的提升。全民健身的核心在于通过增加锻炼的频率、强度以及种类，从而增强国民体质。这种体质的增强不仅仅缓解了生活和工作带来的压力，还提升了个体的心情和专注度，为提高工作效率奠定了坚实的基础。参与体育锻炼对身体健康有着直接而积极的影响。锻炼可以增强身体的免疫力，减少疾病和工伤事故的发生，进而节省医药费和抚恤开支。

这不仅有利于个人的健康,也间接地减少了社会医疗资源的压力,进而为经济的稳定发展提供了有力的支撑。全民健身的重要作用不仅仅体现在劳动者身体素质的提升和健康水平的提高上,它还对提高生产效率和减少经济损失有着重大的意义,可以被视为一种最大效益的有效投资。健康的劳动者更有活力,更有动力去完成工作,他们的工作效率也会相应提升。此外,减少了因疾病或工伤导致的工作中断,能够减少经济上的损失,提高企业的竞争力。

(2)全民健身的推广不仅是一项健康生活方式的倡导,更是加速体育产业发展、适应经济改革的关键举措。通过按照市场规律推行全民健身,将其融入市场经济体系,不仅可以促进经济协调发展,还能够激发人们参与体育活动的积极性。这一过程中,人们的参与将不再局限于传统的体育项目,而是更广泛地涵盖各个层面的体育活动,从而提升了物质与精神水平,改变了对体育的态度,重视其健身与娱乐价值。随着全民健身理念的深入人心,社会对体育锻炼和参与的重视也将不断增强,从而促进资源投入与体育锻炼的有效结合。广泛推广体育锻炼和参与,将不仅仅提升文化消费规模和占比,更重要的是能够改善消费结构,扩大体育产品的受众群体。这一过程中,体育产业生产与消费规模也将得到进一步的增长,相关产业也将得到快速发展。随着全民健身的深入推进,体育产业将在市场的推动下迎来更为广阔的发展空间,从而促进经济的持续增长。因此,全民健身的推广不仅仅是一项健康生活方式的倡导,更是一项与经济发展紧密相连的战略举措,将为体育产业的蓬勃发展注入新的动力和活力。

(3)全民健身不仅仅是一项体育活动,更是一种精神文明的体现。参与全民健身活动有助于培养民族精神和提升道德品质。通过体育锻炼,个人不仅仅是在强健身体,更是在与他人、与社会的接触与交流中得到提升。运动的过程中,人们挑战着身体的疲惫与心理的压力,这不仅能够锻炼意志,更能够培养对祖国的热爱和责任感。共同参与运动、协作、竞争，不仅加强了人与人之间的团结互助，也深化了集体主义观念和文明守法意识。在竞争中，个体不仅仅是在追求胜利，更是在培养进取心和竞争意识，这也激励着人们去追求勇敢、坚毅、果断的品质。因此，全民健身不仅仅是一项体育活动，更是一种社会教育和人格塑造的重要途径，它在塑造健康、积极向上的民族精神和价值观念中起着不可替代的作用。

（4）全民健身可以充实业余生活，使其更有意义和充实感。这不仅仅是简单的运动，更是一种积极的生活态度，通过运动，人们能够积极投入其中，享受运动带来的快乐和满足感。体育活动促进人与人之间的交流与友谊，加强社会联系。在运动中，人们可以结识新朋友，也可以与旧友一同分享快乐，这种人际交往有助于社会的和谐与稳定。全民健身使业余消遣更科学、健康，远离沉迷于网络和室内生活的弊端，这有助于塑造健康的生活方式和良好的生活习惯。全民健身活动的参与人数广泛，影响力大，传播速度快，能够有效地推动全民健康意识的提升，促进整个社会的健康发展。此外，体育活动不分年龄、性别、民族和阶级，任何人都能平等参与，这体现了平等参与与包容性的原则，有利于建设一个更加公平、和谐的社会。通过体育活动，人们之间的感情与团结得以增进，社会凝聚力与团结度也得以加强，这对于构建和谐社会具有积极的意义。体育活动鼓励人们走向室外，强身健体，释放压力，调节心情，有助于维持健康生活方式。通过充分、科学利用业余时间，减少潜在的消极娱乐方式，有利于社会秩序的维护和良好社会风气的形成。

（四）全民健身的发展路径

1. 加强对健身路径意义的宣传

全民健身有着十分广泛的社会效益与深远的意义，它对经济、环境、社会与政府都有着很强的正面效应。但由于相关宣传的缺乏，很多人都不了解全民健身到底是什么，不理解国家重点建设的意义是什么，自然也就不能积极地参与到建设中来。因此，国家需要加强对全民健身的宣传，让群众知道它是什么，为什么要建设它，它的意义在哪里，只有这样，社会才能更加积极、主动地发展全民健身，群众才会真正热情地参与进来。

2. 长效科学的管理

要加强对全民健身的管理，先要各级政府出台完整的管理规章，对不同管理单位与部门的职责作出明确区分，确保出问题时都有可以追责的部门。在此基础上，推行长效管理政策，贯彻以人为本观念，真正为群众服务，做到速度、质量与效益的统筹，更长效、科学地管理。

3. 在城市中推行四级管理服务

在城市中，现行的是市、区、街道、居委会的四级管理。其中，街道与居委会是全民健身路径中进行管理、提供服务的最基层部门，是与群众距离最近的，因此，发展全民健身离不开街道与居委会的支持，他们应当把体育工作放在日常建设之中，关注包含弱势群体在内的所有居民，借此加强社区居民的交流，构建和谐社区。但总的来说，我国社区体育还只是刚起步，因此，四级管理模式需要更快地完善并推广，政府主导，街道、居委会为基本依托，社会共同支持，群众广泛参与，这样城市体育才能更快发展。

4. 改善健身路径分布不均衡的状况

针对当前全民健身的东西、城乡差距过大的现状，需要在政策上予以倾斜，鼓励东中部资金更多更快地流入西部与乡村，政府也要更多地在这些地区进行投资，以点带面地实施全民健身政策，选取有着良好体育习惯的村落与地区先发展，再带动其他地区。经济发达的东部地区完全能够依托自己的资金进行建设，政府就可以减少对他们的支持转而投入农村与西部。就农村来说，政府一直在推行农民体育健身工程，这让数亿农民都得到了好处。在具体建设中，要因地制宜、综合利用，根据不同地区人们的不同习惯选择恰当的器材与场地。特别是在西部的少数民族地区，要充分尊重他们的习俗，选择与他们传统民族运动配套的器械，不仅仅要建，更要让他真正得到广泛使用。全民健身的其他活动，如雪炭工程与命名建设的活动中心等，要实时关注真正落实情况，对于未完成与延期的项目追踪督查，确保完成，活动中心的命名与建设更要向基层倾斜，向那些兼具体育锻炼效果与高社会效益的项目倾斜，在进行体育锻炼的同时与自然更好地结合在一起，提高资金的使用效益。

5. 增加健身器材的种类

全民健身是整个国家的人民一同参与、共同受益的工程。然而在具体实践过程中，青少年和一些特殊人群的参与比例很低，这首先就要求我们拓展健身器材的种类，让更多的人能够参与进来。健身器械的选择应当在确保其体育锻炼的功能性的同时，兼顾多样性。在这里，功能性指的是需要满足各个群体的实际健身需要，不仅仅需要锻炼体能，还应当有些休闲与康复类的健身器材；多样性指的是器械的选择必须多种多样，功能与趣味运动器材都要有，譬如说年轻人更喜欢的趣味性器材，特殊人群要求的特殊器材，都应当兼具。健身路径的选址与配置都应遵循这一原则，真正做到不同年龄、性别与阶层群体都能有可以选择的器材与可以健身的场所。

6. 合理选址、科学布局

全民健身路径的建设必须吻合整体规划，要与周边环境相协调，真正做到便民且便于管理。在选址时，优先选择人口密度较大且具备一定基础条件的场所，如住宅小区和广场等，建设前做好前期调研工作，避免出现重复建设的情况，选址时必须避开工业区、马路、生活污染区与居民门窗前等场所，避免出现扰民、不便民的情况。同时还要避开河道边上和其他一些地面条件不好的地区，过于不平和光滑的地区都不适合建设。在进行建设时，应当先做出总体规划，再分步骤建设，在建设中及时发现问题并予以调整。

7. 创新产品种类，提升服务质量

健身路径工程的建设不能一成不变，必须在实践过程中发现并总结经验，不断创新产品种类，让产品的功能更加丰富，质量不断提升，以满足人们愈发多元的高要求。要借鉴其他成熟模式，因地制宜建设健身工程，通过更多功能的健身器材与更科学的布局吸引更多群体，提升社会参与的积极性，通过各种方式让各类社会主体都能够参与进来。群众的需求是不断地随着时代发展而变化的，厂家也需要及时跟进市场发展变化，不断开发新的产品种类，多试验新的工艺与材料，提升产品性能与使用年限。

8. 拓宽投资渠道

全民健身路径的建设不只是政府部门的事情，它惠及全体民众，所需要的资金与资源都很庞大，仅靠国家出资建设太过于理想。政府部门就应通过各种方法如政策倾斜、加强宣传来提升社会各主体参与建设与投资的积极度，

让地方投资与社会投资更多地参与，恰当时可以引进一些体育企业的广告，广开投资渠道，让整体投资结构更加科学，不再只是单纯依靠政府部门出资，让全民健身更加科学地发展下去。

9. 加强对健身指导员的培训与应用

全民健身路径不单单是对硬性指标与可见资源的建设，更包含着对不同体育资源的恰当使用，其中就包含着对科学知识与指导员的无形资源的合理应用。我国相关条例中提出要增设社会体育指导员的职位，除了这一职位之外，体育教师与管理人员也是群众体育开展中必不可少的部分。因此，对他们的培训与管理，是确保全民健身能够顺利开展的必然要求。要对体育指导员加强健身知识与技术等的培训，对管理人员则要进行器械维护与场所管理的培训。

各个单位也应积极承担社会责任，与涉及的各个部门加强交流，条件具备时还可适当聘请一些体育教师与相关专业的学生，让他们指导群众进行体育健身，确保全民健身是科学的、有效的。同时还可对锻炼中的积极分子和志愿者多加培训，以便在指导员们均无法前来时，前来锻炼的群众也能够有可以询问的对象，才能更加适应群众健身中的多元需求。

二、全民健身活动的管理

以科学发展观为指导，贯彻落实这一观念。以国民全体的健康为目标，开展群众性活动，保障我国民众参加全民健身的基本权利，政府要加强服务，打造为全民健身服务的"服务型政府"。

以实现全民健身常态化，提升国民体质水平为目的，提高国民整体素质、维护国民健康权益、提升国民幸福指数、弘扬健身文明。加强全民健身管理工作，以均衡发展为理念，促进各地区之间均衡发展。争取使我国居民的健身意识得到增强，体质水平得到改善，相关的服务体系进一步得到完善。未来的相关设施会更加先进，全民健身覆盖的面积将更加广，国际化水平将得到提高。

（一）全民健身活动管理的任务

1. 健身活动需要健身设施的辅助

健身设施的改善是全民健身管理工作的重要内容。做好健身设施的日常检修和维修工作，及时更换和改良老旧的设施，完善健身设施的布局，确保健身设施能为周边群众提供便利。做好体育场、健身中心等设施的建设工作。以居民居住地为中心，在居住点附近合理布局健身场所和设备，确保群众能够就近参与健身活动。对城市和农村进行区域划分设立健身点，方便群众随时参与健身活动。

2. 建设更加完善的全民健身网络

建设更加完善的全民健身网络，实现纵向、横向的全面发展。纵向网络的建设，要制定好区、镇、村三级健身网络的划分，层层递进，构建一体化的健身网络，使得全民健身的管理更加便捷，方便上层组织更好地领导各级部门，做好全民健身的管理工作。横向网络的建设，各个部门之间要协同合作，做好资源和信息的共享，形成合力，共同为做好管理工作发力，要以政府为主导，以各类体育社团和体育机构为主线，建立更加全面的管理网络体系，使得我国的全民健身管理网络覆盖各个地区。

3. 使各方面的健身活动得到全面开展

全民健身运动的管理工作的一项内容就是使得各方面的健身活动得到全面地开展。通过人民群众所喜爱的各种活动，激发人们的热情，推进全民健身工作展开。通过比赛、竞技的形式以奖品鼓励群众积极参与体育活动，激发群众热情。在管理工作中，要通过各级政府牵头，由政府下辖街道办事处和居委会组织，以社区为单位，开展体育活动，并在专业人员的指导下进行，既保证了活动的广泛群众基础，也保证了活动的专业性。并且邀请专家举办社区宣传活动，做好基层宣传工作，提高群众对于全民健身活动的理解。

4. 组建专业的指导队伍

做好全民健身管理工作，专业的指导队伍建设是必不可少的。专业的指导队伍对于相关管理决策的科学性具有指导作用，只有通过专业化队伍给出的建议，才能够作出科学、专业的决策，做好全民建设的管理工作。同时专业的指导队伍能够为民众的健身训练提供专业化的指导，避免健身过程中的无用操作和由于健身不当造成的健康隐患问题。同时也要鼓励运动员、健身教练等积极参与到全民健身的志愿服务队伍中去，积极地为健身活动出力。志愿服务团队的建设将是我国全民健身服务体系建设的重要抓手，有利于帮助管理好全民健身活动。

5. 提高全民健身活动的专业化水平

加强全民健身活动的管理，不断深化全民健身活动推进工作，提高全民健身活动的专业化水平。要实现全民健身的专业化水平：①加强制度建设。通过规范相关制度使得全民健身的管理更加专业化，为全民健身事业的发展提供制度保障；②管理队伍的专业化，管理队伍要吸纳专业人才，提供专业化的意见，提高队伍管理的专业性；③扩大全民健身的规模，只有扩大全民健身的覆盖范围，才能够使得管理工作有更大的管理面作为支撑，形成规模化管理的条件。

（二）全民健身活动管理的要点

健康中国建设是国家顶级工程，其规划目标的确立以及各细分子目标的制定，彰显了国家对于民众健康的高度重视和长远规划。其中，全民健身和医疗卫生被视为健康中国的首要子系统，代表了在非医疗和医疗健康干预方面的重要工作。然而，目前这两个系统之间以及内部并未能有效协调与整合，这种局面的存在凸显了在实现健康工程目标时面临的挑战。

为解决这一挑战，必须积极采取措施整合各类要素、资源与需求，以实现高效、系统化的运营管理。这意味着需要在政策、资源、技术等多个方面进行整合，以确保各项措施和资源能够有机结合，最大程度地促进健康中国建设的推进。特别是在数字化时代，充分利用数字化平台建设将成为实现这一目标的重要途径之一，为全民健身与健康中国建设搭建紧密衔接的桥梁。

结构性改革的积极推动是确保这一整合目标实现的关键。这包括在制度、管理体系等方面进行深刻调整，以适应健康中国建设的需要。具体来说，将全民健身管理纳入健康中国国家战略规划，是将各部委与地区政策衔接起来，实施具体任务与目标的有效手段。只有在这种全局性和系统性的指导下，各级部门才能确保工作落实到位，从而推动全民健身和健康中国建设取得实质性进展。

因此，实现健康中国建设的目标不仅需要政府层面的决策与规划，还需要各级部门的协同配合和全社会的参与。只有通过多方合作，整合资源和力量，才能够有效应对当前健康领域面临的诸多挑战，为全民提供更加健康、美好的生活。

第五章　全民健身与民俗体育文化的互动发展 ◎

1. 精准认知全民健身健康促进与管理工作

全民健身旨在实现物质文明与精神文明双丰收，服务于全面健康，推动经济建设和谐有序发展，提升民族综合实力，增强民族自信。这一理念的核心在于将健康视作全民共同追求的目标，而不仅仅是个体的身体状况。它不仅涉及个人的身体健康，更包括精神健康、社会适应能力以及道德品质的全面提升。全民健身可以促进人民的身心健康，为国家的经济和社会发展提供强大的动力，这也是实现国家繁荣和民族自信的重要途径之一。

然而，过去存在对全民健身认知不够全面的情况，很多人误解全民健身仅仅是进行身体锻炼或参与体育比赛来选拔和培养体育人才。这种认知偏差限制了对全民健身的理解和实践。事实上，全民健身更应该被理解为促进全面健康的综合措施。它涵盖了各个年龄段、各种体质状况的人群，通过多样化的健身活动和健康教育，致力于提高人民的身体素质、精神素质和社会适应能力。

国际卫生组织强调全民健康包括身体、精神、社会适应和道德四个维度，认为这是人类幸福生活和国家发展的基础条件。身体健康只是其中之一，精神健康同样重要。一个身体健康但精神不健康的人并不是真正意义上的健康人。此外，社会适应能力和道德品质也是构建健康社会的重要组成部分。全民健康的实现需要政府、社会各界和个人共同努力，推动健康教育、心理健康服务和社会关爱机制的建设，为人民提供全方位的健康保障。

健康的人民是国家最宝贵的资源，对经济发展和社会稳定至关重要。体育锻炼作为实现全民健康的核心途径，承载着重要的使命。通过体育锻炼，人们可以增强体质，提高免疫力，预防疾病，延长寿命。同时，体育活动也可以促进社会和谐，增进民族团结，提升国家综合实力。

全民健康具有多重重要意义。首先，全民健康不仅仅是增强国民体质的过程，更是锻炼全民意志力和精神素养的机会。通过追求健康，个体需要战胜惰性、坚持锻炼，这培养了他们的意志力和毅力。其次，全民健康促进了规则意识、协作精神和宽广胸怀的培养。参与健康活动，不仅需要遵守规则，还需要与他人合作、互相支持，从而培养了团队精神和社会责任感。再次，全民健康的推动有助于营造人类与自然和谐共生的基础。积极的生活方式和环保意识的培养有助于减少对环境的破坏，促进生态平衡。从次，全民健康在传承民族精神文明中发挥着重要作用。许多传统体育项目融入了丰富的文化内涵，通过传承和发展这些项目，可以弘扬民族精神。最后，体育运动也是塑造强健体魄和健全人格特征的有效途径。坚持锻炼不仅有助于身体健康，还有助于培养自律、毅力和团队合作精神等健康的人格特质。另外，全民健康注入了个人发展和社会进步的"正能量"。通过健康生活的倡导，社会上涌现出更多积极向上的行为和价值观，推动了整个社会的发展和进步。因此，全民健康不仅关乎个体的身心健康，更是关乎整个社会的繁荣与进步。

2. 将促进全民健康管理工作上升到国家战略高度去把握

承接健康中国2030规划，就必须将全民健身工作与国家、各部委以及各地方政府相关的政策、目标与任务相互衔接，以纳入健康中国战略规划。因此，需要从以下方面入手。

（1）强化健康科学指导，全面提高全民科学健身认知与素养。目前，我国参加体育锻炼的人群占比呈上升趋势。比如，参加马拉松长跑的热潮已在全国兴起。目前，准备参加这项运动的人员，则需要赛前半年报名与抽签。但与此同时也必须注意到，在参与体育锻炼过程中，存在着锻炼方式与方法不够科学的现象。不仅运动后的效果没有达到预期，而且有时还会造成运动损伤的问题。为此，需要在我国大力加强全民健身的健康辅导工作。同时，科学制定全民运动的"处方"与标准。积极推广并出版面向全民健康、科学健身指导类型的系列图书。采用现代数字化新技术并借助媒体，制作与发布科学健身数字影像资料。营造与提倡全民热爱强身健体的高尚生活品位与生活氛围。

（2）建立全民体质监测与健身活动的相关数据调查配套制度。为了促进全民健康，政府着手建立了一套全民体质监测与健身活动的配套制度。这项制度包括了数据调查和监测，旨在全面了解人们的健康状况和健身活动情况。为了更准确地收集数据，政府积极引进现代数字化信息技术，如利用5G、大数据、云计算和移动互联网等技术手段。这些技术的运用不仅提高了监测的效率，也增强了数据的准确性。定期监测全民体质与健身活动情况，并将调查结果定期发布，是这套制度的重要组成部分。这种透明的监测与公布机制有助于社会了解整体健康状况，并且为未来的政策制定提供参考。此外，政府还打造了高科技含量的民众健身方法，利用现代化运动设备和管理数据库提升服务水平。通过科学规划与创新民众健身设施与场地，政府致力于让健身活动更加普及和便利，满足人们不同需求的健身偏好。

3. 构建全民健身跨界整合模式，齐头并进实现融合发展

（1）近年来，全民健身工作已成为各地区各部门经济发展规划的重要组成部分。政府通过持续不懈的努力，成功引导各部门协调推进全民健身工作，积极促进了全民的参与意识。这一努力使得全民健身工作的基本框架初步建立，其成效也逐步显现出来。不断丰富的全民健身活动和项目，激发了民众的健康热情，促进了身心健康的提升。政府和社会各界共同努力，推动了全民健身事业的蓬勃发展，为构建健康中国、实现全面建设社会主义现代化国家目标贡献了重要力量。

（2）在检验全国全民健身工作的战略部署和进展成效时，首先需要审视全民健身设施与服务体系建设所取得的成绩。这一基础性工作的成功为进一

步提升创新发展提供了坚实的基础。要实现更高水平的发展，就必须加速政府职能转化，突破旧有的格局，深化改革，并不断探索创新的发展模式。在这一进程中，推进法律法规建设与完善至关重要。依法行政不仅可以促进管理工作的改革与决策，还能够为全民健身事业的发展提供有力的保障。因此，政府需要加强法规建设，并确保其得到有效实施。除了在制度建设方面取得突破外，还需要做好顶层设计工作。这包括整合资源，规划、统筹、落实全民健身国家战略措施。只有通过科学的规划和资源整合，才能确保全民健身事业在全国范围内得到有效推进。此外，构建多部门合作、跨部门融合的创新发展模式也是至关重要的。全民健身事业涉及多个领域和部门，因此需要各部门之间加强合作，实现资源共享、优势互补，以推动全民健身事业的全面发展。

（3）为了更好地推进全民健身事业的发展，政府正在着手理顺中央和地方事权关系。首先，根据全民健身法律法规体系，政府逐步将适宜地方政府负责的事务进行转移。这一举措有助于地方政府更好地了解和满足本地区的健身需求，提高全民健身工作的针对性和有效性。其次，政府还在逐年减少中央与地方政府间的职责交叉和共管问题，以确保各级政府在全民健身事业中的责任清晰、权责一致。为了更好地支持地方政府开展全民健身工作，政府正在强化上级对地方政府的支持。这包括提供更多的资金、技术和人力支持，以及建立健全的监督考核机制，确保各级政府履行全民健身的责任。最后，政府还将依法确立并赋予各级党组织更多自主权，以推动全民健身事业的深入发展。党组织作为政府的重要指导力量，将在全民健身工作中发挥更大的作用，推动各项政策的落实和执行。对于拨款但未开工项目，政府必须收回资金并由上级进行统筹安排。这一举措有助于避免资源浪费和项目滞后，确保资金能够有效地用于全民健身事业的推进，最大限度地满足人民群众的健身需求，促进全民健康水平的提升。

（三）全民健身活动管理的方法

在设计全民健身活动管理方法时，必须秉承胸怀全局观念大局意识，从综合管理功能与多元价值方面去落地全民健身有效促进与管理。结合我国实际情况，找出全民健身推进工作的难点、找到全民健身体育管理工作在扶贫开发过程中的立足点与切入点。制定配套的更加多元化的扶持与资助政策措施与方法，以发挥体育在扶贫过程中的积极与重要作用。

1. 充分发挥体育社会组织的专业服务

充分发挥体育社会组织在全民健身活动开展过程中，专业服务的价值与作用。加强各级体育总会枢纽功能，深化体育社会组织建设，以带动各类单项与行业、群众体育组织积极开展全民的健身活动。积极扶持与引领各层级体育社会组织的建设与成长，并且给予更多的指导与服务。重点培育发展服务于城乡社区全民健身活动的体育社会组织，鼓励各层级体育社会组织依照法律法规进行注册与登记管理，营造体育社会组织的平等公正与有序的法制成长发展环境。

对于开展全民健身活动过程中的骨干力量，应给予足够的重视，充分发挥他们在规范、引导与服务方面的积极作用。进一步促进我国体育社会组织在组织管理、服务管理以及竞争管理方面的规范化、制度化与法治化。而且还要为体育的社会化组织树立市场品牌发展的存在与发展空间，以促进自身不断积极向上、自我完善的市场机制。根据不同区域、地区以及人员的实际情况，组织开展与条件相匹配的百姓身边的健身活动。综合设计与开展分层级与分类别的运动项目管理推进结构，进一步建立健全与不断丰富全民健身活动的管理体系。可大力促进发展百姓喜闻乐见的运动项目，如马拉松、自行车等项目。积极培育登山、滑雪与马术等具备消费潜力并引领时尚的休闲运动项目。积极鼓励开发与推广民族文化传统运动项目,如武术、太极拳、气功等民间承载传承民族体育文化的运动项目。

2. 培育基层体育社会组织发展,做实全民健身的多元化建设

政府机构改革为体育民间团体与组织的蓬勃发展创造了新的空间。在这一过程中,各级各类体育民间组织如雨后春笋般不断涌现,其形式多样,无论是正式的还是非正式的组织都在蓬勃发展。地方体育管理部门意识到了自身在这一进程中的重要性,他们需要投入更多的时间和精力来培育体育社会组织,并且要关注满足人们对服务设施和场馆的需求。同时,为了解决体育社会组织在管理能力和深入工作方面存在的问题,需要创新发展路径。这意味着需要探索新的组织模式,以提升管理水平和工作深度。

在这个过程中,建立向体育社会组织有偿采购全民健身服务的机制至关重要。这种机制能够填补政府无法覆盖的领域,使得更多的人能够享受到全民健身服务。政府机构还需要发挥引导与服务的作用,他们应该引导体育组织关注群众的需求,并提供精准的服务。这意味着政府机构需要深入了解群众的需求,发挥体育组织的优势,扬长避短,从而更好地为群众提供服务。

为了推动全民健身事业的发展,社会需摒弃那种认为社会力量在其中可有可无的错误观念。相反,应当通过整合各方资源、借助各方力量,致力于打造优质的全民健身体育公共服务设施。这需要促进体育公共服务体系的供给侧改革,以提供更高质量、更多元化的服务。此外,为了有效推动全民健身,也需要对相关政策进行规划与实施,调动社会各界的参与热情与力量。

为了实现这一目标,需要协调各相关部门的合作,创新方法,以打破办理体育事务的种种门槛与限制,从而降低办理成本,提高工作效率。同时,封闭的模式已经被证明难以取得理想的成效,因此应当构建一个全民参与的体育环境,并积极创新,引导社会各界力量的参与。

第五章　全民健身与民俗体育文化的互动发展 ◎

为了推动健身事业的发展，还需要鼓励企业和事业单位参与科学健身指导，激发市场活力，共同谋划全民健身的伟大事业。这不仅可以提供更多样化的健身服务，也可以有效激发民间力量，形成全社会共同参与健身的良好氛围。通过以上措施的实施，可以更好地推动全民健身事业的发展，为建设健康中国、实现全面小康社会做出积极贡献。

3. 探索与创新构建具有中国特色的全民健身工作智库

在治国理政过程中，采用购买服务模式并借鉴智库专业思维是提供有价值参考的有效途径。这一举措将有限资源聚焦于关键领域，旨在提升全民健身体育管理的效率与质量。然而，在智库的选择与应用上，需要进行系统设计，并且要区分不同类型与层次。因此，智库体系的建设必须要求传统专家与新生代团队共同参与，以推动创新与探索。同时，必须探索全民健身体育管理智库的决策与咨询制度安排，以确保其顺畅运作。在整体规划智库建设方面，创新组织机构与管理模式尤为重要，这意味着需要统筹政府、事业单位和民间智库资源，实现资源的优化配置和合理利用。这一举措旨在促使具有中国特色的全民健身体育管理智库走向新征程，为资政惠民作出新的贡献，为国家治理和社会进步提供更加可靠的智力支持。

4. 健全全民健身指标体系，做好日常统计和定期监测工作

在国家层面，统计工作不仅仅是简单地收集数据，而是通过深入分析国民经济和社会运行状况，从中发现问题并改进政策法规。这种数据分析对国家的发展至关重要，因此需要建立一个健全的管理统计指标体系。这个体系可以帮助政府更好地了解国民经济的发展趋势，社会运行的状况，以及人民生活的水平。通过收集和分析各种数据指标，政府可以更准确地制定政策，优化资源配置，促进经济社会的可持续发展。

（1）启动群众体育活动统计标准化体系。这一体系利用大数据技术，旨在实现对调研数据、工具、方法和机制的标准化。同时，为确保统计工作的科学性和实用性，还需要建立起科学、具思想深度且富有温度的全民健身体育活动与管理工作统计指标体系。在新旧统计数据"并轨"的过程中，必须对现有指标进行筛选，选取具有实用价值的指标，并通过科学分析和研究，精简和合并设计出新的指标。这些指标应当全面反映全民健身体育与经济社会协调发展、共同富裕与和谐稳定局面等方面的情况。为了提高统计工作的实操性，需要结合日常统计与定期监测，扩大重点抽样调查与典型调查。这样的举措将有助于更准确地了解全民健身体育工作的实际情况，从而指导相关工作的开展。全民健身体育工作的数据统计不仅仅是体育管理向社会治理转变的关键举措，更是检验体育管理职能转换方法的重要体现。通过这一过程，可以更好地了解体育事业的发展状况，及时调整管理策略，推动全民健身事业迈向更加科学、规范和可持续的方向。

（2）将全民健身体育活动与管理工作纳入国家统计局数据。这一举措的重要性在于构建正式统计序列，为科学研究和深度分析提供可靠的数据支持。只有通过获取及时精准的数据，才能真实地讲述体育发展的故事，而这需要专业方法与能力的支持。通过利用体育大数据，国家能够进行更深入的国民经济社会发展分析与解读。对全民健身对内需消费和就业的贡献进行分析，可以更好地指导相关政策的制定和调整，促进经济的稳定增长。同时，对数据进行分析也能够清晰地展现全民健身对社会稳定与和谐的积极贡献，为社会治理提供更为科学的依据。国家统计部门作为数据的权威机构，具有极高的专业性。启用国家统计部门团队进行数据统计与分析，不仅能够提高数据的准确性和可信度，还能够提高工作效率，使数据更加及时地为决策者和社会大众所用。

（3）为了促进全民健身体育事业的发展，必须采取一系列措施来提升数据统计与监测的效率和准确性。必须进行日常统计和定期监测，采用科学统计方法，升级传统统计模式。这意味着需要不断改进数据收集和处理的方式，以确保数据的真实性和可靠性。创新数据统计与分析方法至关重要。通过使用抽样调查、典型调查等手段，可以更加精准地统计数据，从而更好地了解群众健身的需求和行为特征。需要深度改革现行数据统计管理模式，建立严谨科学规范的统计与监测体制。这包括完善相关的管理机制和制度，确保数据的准确性和可信度。同时，要理解群众体育与社会各方面的关联，需要社会各方力量的支持。各级体育管理部门应当整合社会资源，运用大数据与互联网技术，满足群众健身需求，为群众提供更加便捷和高效的健身服务。为此，可以通过公开招标的方式确定大型互联网企业参与构建智能化大数据平台，以实现数据的共享和交流。同时，需要及时掌握全民健身体育活动与管理工作的热点问题与发展动态，建立可靠的数据支撑系统，促进全民健身体育事业的持续健康发展。

三、全民健身促进身心健康的作用

（一）全民健身促进身体发育

健身活动旨在提高健康和身体素质，这种活动可以由个人或组织发起。与仅关注竞技成绩不同，健身活动更强调持续锻炼的重要性。通过坚持锻炼，人们的健康状况得以持续改善，从而提高健身效果，促进身体的全面发展。对个人而言，参与健身活动意味着增强免疫力、降低患病风险以及提升生活质量。一个健康的个体不仅能够更好地应对生活中的各种挑战，还有助于社会的稳定和发展。因为健康的人群意味着更少的疾病负担，减轻了医疗资源的压力，同时也有助于提高工作效率和生产力。因此，促进健康的健身活动在个人层面和社会层面都具有重要的意义，它们为个体的健康和社会的繁荣发展作出了积极的贡献。

1. 促进细胞繁殖

健身活动对身体的益处不言而喻。健身活动有助于细胞的繁殖，这意味着更多的细胞被生产出来，从而提升了器官系统的机能水平，并促进了生长发育的质量。在生长发育期间，细胞的繁殖以及细胞间质的增加导致了形态和机能的改变，使得器官系统经历了较大的变化。特别是在骨骼和肌肉方面，健身活动发挥了重要作用。通过促进骨骼肌肉的发展，健身活动加速了骨骼的增长，改善了体型比例，为身体的良好体姿打下了坚实的基础。

骨骼作为人体的结构支撑起整个身体，其发育对形态、内脏器官的发育以及劳动与运动能力都有着重要的影响。肌肉则完成了人体的运动功能，发达的肌肉不仅提高了劳动与运动能力，同时也是身体美的重要体现。因此，健身活动的重要性就更为凸显了。它促进了骨骼和肌肉的生长发育，增强了新陈代谢，刺激了骨骺软骨的增生，加厚了骨密质，从而提高了抗压能力。此外，体育运动还有助于改善肌肉的血液供应，增加了营养物质特别是蛋白质的含量，进一步提升了工作能力。肌纤维也因此变得更加粗壮，增加了能量储备，使得身体更能够适应运动和劳动的需要。

2. 促进血液循环

体能是人体肌肉活动所展现的能力，它体现了各器官系统在运动中的具体表现。这一概念包括两个主要方面：身体素质和基本活动能力。身体素质涵盖了力量、速度、耐力和柔韧性等方面，而基本活动能力则包括走、跑、跳、投、攀、爬以及提举重物等动作。健身活动被认为是促进器官机能发展的有效手段，通过这些活动，人体的各项功能得到强化，以更好地适应运动的需要。

在体能的发展过程中，耐力素质的培养尤为重要。这需要加强心血管、呼吸以及肌肉系统的持久工作能力。特别是心血管功能对整体健康至关重要。通过运动，可以改善血液循环，增加冠状动脉血流量，从而预防冠心病，并提高心脏的整体功能。

经常参与锻炼的个体，其心脏通常会产生工作性肥大，这意味着心脏肌肉变得更强壮，收缩力也会增强。此外，他们的心率会变得更为稳定和缓慢，同时血容量也会增大，这些都是身体适应运动的表现。

训练有素的个体往往具备更强大的心脏功能，能够承担更大的工作负荷。这意味着他们的心脏在工作时更加高效，更"节省"，因此心率和血压的变化也相对较小。这种心脏的优化状态使得他们在各种紧张的情况下能够更好地应对，从而保持身体的稳定状态。

3. 改善机体调节能力

适应能力是人体对内外环境变化的一种重要能力，包括了对环境变化的耐受和平衡能力，涵盖了环境适应力以及抵抗疾病的能力。内部环境的动态变化，比如血浆渗透压和pH值，会受到运动的影响而产生不同程度的适应能力。通过长期的锻炼，人体可以增强对内部环境变化的耐受性和抗酸能力，从而提高工作能力和抗疲劳能力。这意味着锻炼不仅仅是身体素质的提升，更是对内部机体功能的调整和优化，使其能够更好地适应各种挑战和压力。

除了内部环境的变化，锻炼还可以改善机体的调节能力，增强对外界环境变化的适应能力，提高免疫力，降低疾病风险。这意味着通过适度的运动，人体可以建立起更加健康、坚韧的生理机制，更有效地应对各种环境威胁和疾病侵袭。健身活动的进行也会增强人体的应变能力，提高对复杂环境的适应能力，同时促进大脑功能和本体感知的提升。这不仅有益于身体的健康，也对心理健康和认知能力有着积极的促进作用，使人在日常生活中更加从容应对各种挑战。

此外，适应能力的提升还可以通过在严寒或炎热条件下进行运动来实现，这样的训练可以增强体温调节能力，提高对气温变化的适应能力。这种训练不仅可以使身体更强壮，还可以增加对极端环境的适应性，为特殊工作和生活环境下的挑战做好准备。因此，通过锻炼和训练，人体的适应能力得以全面提升，从而在各种环境和情境下都能够更加稳健地应对挑战，保持身心健康。

（二）全民健身促进心理健康

全民健身不仅对身体健康有益，还对心理健康产生积极的影响。通过参与各种体育锻炼和健身活动，个人可以改善情绪状态、减轻压力、提升自尊和自信，促进心理健康的全面发展。

第一，全民健身的体育锻炼可以缓解压力和焦虑。现代生活中的工作压力、学业压力和社交压力等因素都会对个人的心理健康造成影响。体育锻炼可以促进大脑内多巴胺、内啡肽等神经递质的分泌，产生愉悦感和轻松感，从而缓解焦虑和紧张情绪。锻炼还可以分散注意力，让个人暂时抛开烦恼，专注于运动和身体的感受，使思绪得到放松和冲击。此外，体育锻炼还能提供一种发泄情绪的途径，让个人释放压力和负面情绪，保持心理的平衡和稳定。

第二，全民健身的活动可以提升自尊和自信心。通过参与体育锻炼和健身活动，个人可以挑战自己的极限，克服困难和障碍，获得成就感和自豪感。每次成功的经历都会增强个人的自尊心和自信心，培养积极的自我形象和态度。此外，体育锻炼还可以塑造健康的身体形态和良好的体态，提升个人形象和自我价值感，进一步增强自尊心和自信心。拥有良好的自尊和自信心有助于个人的心理健康，使个人更加积极、乐观和自主。

第三，全民健身活动可以促进社交和人际关系的发展。参与团体运动和集体活动，个人有机会与他人互动、合作和交流。通过共同参与运动，个人可以结交新的朋友，建立积极的社交网络。这种社交活动可以增强个人的归属感和社会支持感，减少孤独感和孤立感，对心理健康有积极的影响。此外，团队合作的经历还可以培养个人的合作精神、沟通能力和人际关系技巧，提高人际交往的质量和效果。良好的人际关系和社交支持有助于缓解心理压力、减少抑郁和焦虑，增强心理健康的稳定性和韧性。

第四，全民健身的活动还可以提供个人追求目标、追求成就感和挑战自我的机会。参与各种健身项目和比赛，个人可以设定自己的目标，努力追求并争取取得成功。这种追求目标的过程不仅能够激发个人的动力和积极性，还能培养个人的毅力、耐心和坚持不懈的精神。当个人不断突破自己的限制，实现目标并获得成就时，会产生满足感和成就感，促进心理健康的提升。

四、全民健身促进德智发展的作用

（一）全民健身促进德育发展

随着社会的进步和生活水平的提高，全民健身已经成为人们日常生活的重要组成部分。全民健身不仅对个人身体健康有益，还对德育方面有着积极的促进作用。下面将从全民健身对于社会责任、品德塑造、公平竞争和团队合作等方面进行详细的论述，以展示全民健身在德育方面的重要性。

1. 全民健身对社会责任的促进

全民健身不仅仅是个人行为，更是社会责任的体现。它不仅关乎个人的身体健康和生活品质，还能通过各种途径为社会作出积极的贡献。全民健身可以通过参与志愿者活动、社区健身活动等形式，促进社会责任感的培养和社会公益事业的发展。以下将详细探讨全民健身对社会责任的促进作用。

（1）全民健身通过参与社会服务活动，个人可以培养关心他人、乐于助人的品质。全民健身不仅关注个人的健康和幸福，也关心他人的福祉。通过参与志愿者活动，个人可以为弱势群体、社区和公益机构提供帮助和支持。例如，参与健身志愿者活动可以帮助组织和推动健康教育活动，向他人传授健康知识和技能。这种参与让个人更加关注社会的需求和问题，激发出关心他人、乐于助人的情感和行动，培养出具有社会责任感的品质。

（2）全民健身活动还能够推动社会公益事业的发展。全民健身可以成为社会公益事业的重要推动力量，通过组织各种公益活动和倡导社会公益行动，进一步促进社会的和谐与进步。例如，组织义跑活动可以集结大量的健身爱好者，通过运动来关注和支持社会公益项目，为慈善机构筹集资金和助力宣传事业。此外，全民健身还可以倡导环保和健康的生活方式，通过减少环境污染和推动健康生活方式的普及，为社会的可持续发展和人民的健康福祉作出贡献。

（3）通过全民健身对社会责任的促进，个人可以感受到自己的行为对社会的影响力，从而激发出更多的参与和奉献。全民健身不仅仅是关注个人的身体健康，更是关心社会的进步和共同福祉。通过参与社会服务和公益活动，个人能够体验到帮助他人带来的快乐和满足感，增强社会责任感，形成积极向上的生活态度和价值观。

（4）全民健身对社会责任的促进还能够构建社会和谐与凝聚力。健康的社会需要每个人的共同参与和贡献，而全民健身正是鼓励和促进人们积极参与社会事务的一种方式。通过全民健身的倡导和实践，可以营造出一个相互关爱、互助合作的社会氛围，增强社区凝聚力和社会的稳定性。

2. 全民健身对品德塑造的促进

全民健身不仅对身体健康有益，而且在德育方面也具有重要的促进作用。通过参与各种体育活动和锻炼，个人可以培养出许多积极向上的品德和价值观，从而成为具有高尚品质和道德修养的公民。以下将从尊重他人、培养自律与毅力、发展团队精神和培养公民意识四个方面详细探讨全民健身对品德塑造的促进。

（1）全民健身强调尊重他人的价值观和权利。在体育活动中，个人需要与他人合作、竞争和互动，这就要求参与者遵守规则、尊重裁判的判决和对手的权益。体育竞技中的公平竞争需要个人具备诚实守信的品德，不使用不正当手段取胜。体育运动还能培养个人的公正意识和公平竞争的价值观，让人们学会在竞争中保持自己的尊严，不妥协于不道德的行为。通过尊重他人的权利和尊严，个人能够培养出谦虚、宽容、友善和善于与他人合作的品质，这些品质不仅对个人的发展有益，也对社会的和谐发展起到积极的促进作用。

（2）全民健身有助于培养自律与毅力。体育锻炼需要个人具备坚持不懈、努力奋斗的精神，这对塑造个人的品德和培养良好的行为习惯至关重要。无论是定期参加运动训练还是参加长跑、游泳等耐力项目，个人需要具备自律和毅力，始终坚持下去，不轻言放弃。通过克服体育锻炼中的困难和挑战，个人能够培养出坚忍、勇敢和顽强拼搏的品质。这些品质不仅在体育运动中有所体现，而且可以延伸到生活的其他方面，如学习、工作和人际关系等。自律和毅力能够使个人更加坚定地追求目标，并在面对困难和挫折时不轻易退缩，从而塑造出坚强、乐观和积极向上的品质。

（3）全民健身有助于培养公民意识。体育活动是社会公共领域的一部分，个人参与其中不仅仅是为了个人的利益，更是为了社会的利益和进步。通过参与体育活动，个人可以感受到自己是社会的一员，对社会的发展和进步负有责任。体育锻炼不仅可以增强个人的身体素质，还能提高社会的整体健康水平。个人参与公共体育活动，如健身运动、义务教育体育等，可以推动全民健身事业的发展，促进社会的和谐与进步。通过参与社会服务活动，个人能够培养关心他人、乐于助人的品质，增强社会责任感。全民健身不仅仅关乎个人的身体健康，更关乎社会的进步和发展。

3. 全民健身对公平竞争的促进

全民健身的实践中，公平竞争被视为一项重要的原则和价值观。不论是比赛还是友谊赛，参与者都被要求遵守公正的规则和原则，尊重比赛规则，以及尊重对手，不使用不正当的手段来获取胜利。公平竞争不仅仅是一种行为准则，更是一种价值观和道德观念，通过全民健身活动的推广和实践，个人可以培养公正意识、尊重他人和遵守规则的品质。

（1）全民健身的公平竞争原则有助于培养个人的公正意识。公正意识是一个人对公正和正义的认识和追求，通过参与体育竞技活动，个人可以深刻体会到公正和不公正的差异。公平竞争要求个人不仅遵守比赛规则，还要尊重对手的权益，不使用不道德的手段取胜。这种公正意识的培养不仅在体育领域中有益，更可以延伸到个人的日常生活和社交关系中。个人通过理解和追求公正，可以更好地处理人际关系，增强社会责任感，促进社会公正与和谐。

（2）全民健身的公平竞争原则可以帮助个人学会在竞争中保持尊严。竞争是不可避免的，无论是在体育领域还是在生活的其他方面，个人都会面临竞争的挑战。全民健身强调公平竞争，倡导个人在竞争中不使用不正当的手段取胜，而是以自己的实力和努力为基础。通过遵守公平竞争的原则，个人可以保持自己的尊严，不依赖欺诈和不道德的手段来获得成功。这种尊严和自律的培养将激发个人的内在动力和积极性，塑造出坚韧、自信和正直的品质。

（3）全民健身的公平竞争原则还能够在社会中推动公正和诚信的价值观。通过参与公平竞争的体育活动，个人可以树立榜样，传递正面价值观。这些价值观将渗透到社交场合和社会关系中，促使人们在各种情境下坚守公正和诚信。公平竞争的推广将鼓励个人尊重规则、尊重他人的权益，并以正当的手段争取自己的成功。这种价值观的传递和践行有助于建立一个公正、诚信与和谐的社会，为社会的进步和发展提供良好的基础。

4. 全民健身对团队合作的促进

团队合作是全民健身不可或缺的一部分，它不仅仅是体育项目中的重要因素，还贯穿于生活的各个领域。通过参与各种团体项目和集体项目，个人能够培养出乐于助人、理解他人并愿意为团队付出的品质，同时也能提高团队凝聚力和协作能力。以下将详细探讨全民健身对团队合作的促进作用。

（1）全民健身活动中的团队合作强调团队成员之间的协作和配合。无论是参与足球、篮球等团体项目，还是参加健身操、舞蹈等集体项目，个人需要与其他团队成员密切合作，共同追求团队的目标。在团队合作过程中，个人需要尊重他人的意见和建议，理解他人的观点，以达到团队内部的和谐合作。通过体育运动的锻炼，个人能够培养出乐于助人和合作的品质，学会与他人有效沟通，形成团队内外的良好互动关系。这种协作能力不仅在体育项目中有所体现，更能在日常生活和工作中发挥重要作用，提高工作团队的效率和凝聚力，促进社会的和谐发展。

（2）全民健身活动中的团队合作有助于提高团队凝聚力。团队凝聚力是团队成员在共同目标下的凝聚力量和团结力量。通过参与团体项目，个人能够感受到团队的力量和团结的重要性。在团队合作中，个人需要意识到自己的行为和决策对整个团队的影响，学会为团队的利益而努力。团队合作不仅需要个人的奉献和努力，还需要团队成员之间的信任和支持。通过相互合作和协调，个人能够建立起团队凝聚力，让团队成员之间更加紧密地联系在一起，形成团结一致的力量，共同面对挑战和困难。团队凝聚力的提高不仅有利于团队的发展和成长，也为个人的成长和发展提供了良好的平台。

（3）全民健身活动中的团队合作有助于培养个人的领导能力。在团队中，个人有机会担任领导角色，带领团队成员共同追求团队目标。通过承担责任、制订计划、协调资源和激励团队成员，个人能够培养出领导才能和组织能力。团队合作让个人学会在不同的角色中灵活切换，既能扮演领导者的角色，也能成为团队中的合作者和追随者。这种领导能力不仅对个人在团队中的发展有益，也为个人的职业发展和社会角色的担当提供了基础。

（二）全民健身促进智育发展

全民健身不仅对身体健康和社会责任有积极的影响，还在智育方面具有重要的促进作用。通过参与各种体育运动和健身活动，个人可以发展和提升自己的智力能力、认知能力和学习能力。全民健身既是锻炼身体的过程，更是培养智慧和增进智力的过程。以下将详细探讨全民健身在智育方面的促进作用。

首先，全民健身通过促进身体运动，可以改善大脑功能和认知能力。研究表明，体育锻炼可以促进大脑的血液循环，增加氧气和营养物质供应，有助于提高大脑的功能和表现。体育锻炼可以刺激大脑神经元的活动，增加神经连接，促进神经元之间的信息传递。这对于思维能力、学习能力和创造力的提升具有积极的影响。此外，体育锻炼还可以增加脑内神经递质的分泌，如多巴胺和内啡肽，这些化学物质与学习、情绪和动机有关。通过全民健身的实践，个人可以提高自己的认知能力，包括注意力、记忆力、解决问题的能力和反应速度，进而在学习和工作中取得更好的成绩。

其次，全民健身可以促进社交和团队合作，对智育的提升也有着重要的影响。参与团体项目和集体活动，如足球、篮球、健身操和舞蹈等，需要与他人合作、协调和沟通。在团队合作中，个人需要学会倾听他人的意见，尊重和信任团队成员，共同制定目标和执行计划。这种团队合作的过程可以培养个人的社交技巧和交往能力，提高人际关系的质量和广度。通过与他人的互动和交流，个人可以拓宽自己的视野，学习不同的观点和经验，从中获得新的思维和智慧。此外，团队合作还可以培养个人的领导能力、协作能力和问题解决能力，这些能力对于智育的发展和成功至关重要。

再次，全民健身的实践还可以培养个人的意志力、毅力和自律能力，对智育的提升起到积极的推动作用。参与体育锻炼需要坚持，需要克服困难和挑战。无论是长时间的训练，还是面对疲劳和困难时的坚持，个人需要发展和锻炼自己的意志力和毅力。通过克服困难和挑战，个人可以培养出坚持不懈、自律和自信的品质，这些品质对于学习和个人成长具有重要意义。意志力和自律能力可以帮助个人克服学习上的困难和挑战，保持学习的动力和持久性，提高学习的效果和成就。

最后，全民健身也为个人提供了学习和获取知识的机会。通过参与各种健身活动，个人可以学习和掌握不同的运动技能和知识，了解身体结构和功能，掌握健康生活方式和运动原理。这种学习过程不仅可以提高个人对健身的认识和能力，还可以培养个人的学习兴趣和学习能力。通过学习和积累知识，个人的智力得以提升，思维能力和创造力也得到了培养和发展。

第二节　全民健身与民俗体育文化的内在关联与作用

中华传统优秀文化是国民精神塑造的重要资源，可增强民族文化自信、为国家发展产生持久驱动。"伴随着时代的发展与网络技术的发展，具有民族信仰特色、体现地区生活习惯的民俗体育运动走进大众视野，而在全民健身的号召下，民俗运动的发展也获得了新的机遇，怎样让民俗体育中具有更多的活力，让全民健身与民俗体育在融合下共同发展成为体育行业的重点研究课题。"[①]

一、全民健身与民俗体育的内在关联

（一）民俗体育是全民健身落实的形式与手段

全民健身计划是我国社会文明进步的重要体现，是我国综合国力的外在展现，这是一个面向未来、目的性强、任务部署明确的重要性体育发展战略，需要在社会各界人士的协同配合下、在全体民众的共同参与下方可实现。民族传统体育在民众身体素质提升方面具有重要作用，还能驱动国民经济的快速发展。在民俗体育的多种特质当中，运动性是其中最为典型的属性。全民

---

① 姚瑶.全民健身发展中民俗体育融合对策概述[J].文体用品与科技，2023（5）：7.

健身计划颁布的目的在于依托健身活动、在广大民众广泛参与下实现全民健康发展目标,整体提升国民身体素质。而国民健身需要以体育运动作为载体,作为重要性、独特性体育项目的民俗体育,必然是全民健身实现的重要手段。与此同时,民俗体育是全民健身落实的具体路径,能够充分彰显全民健身的目的。作为多民族国家,我国不同地区的地理环境、经济状况、民俗文化均有所差异,因而全民健身计划的推行要因地制宜,需要以群众基础深厚的地域民俗体育活动作为载体。

(二)全民健身是民俗体育的复兴载体与发展契机

全民健身计划的实施标志着我国在体育事业方面的深刻变革,其不仅令公共体育设施得以逐步投放与完善建设,更促使专门体育组织机构的成立,开展多样化的体育活动和举办丰富的体育赛事。此外,为了确保体育项目的有效推广,大量培训指导人员也会得以提供,而且体育项目的宣传活动也将得到积极展开。这一系列的措施不仅有助于深入推进全民健身,同时也为民俗体育的复兴提供了难得的契机,推动了民俗体育在广泛民众健身过程中的深度融入与应用。

在全民健身计划逐步落实的过程中,健身活动的参与人数逐渐增加,为民俗体育项目的广泛开展提供了强大的动力。这一发展势头为广大民众提供了更多了解民俗体育项目的机会,同时也为他们积极参与民俗体育健身活动创造了有利的平台。这不仅有助于弘扬传统文化,更促进了全社会对民俗体育的认知与关注。可以说,全民健身计划的推进不仅是推动全体国民健康水平的重要举措,也为民俗体育的复兴发展开辟了新的前景。

全民健身计划的实施带动了健身活动的普及,从而推动了民俗体育项目的开展。这一发展趋势为民众提供了更多参与的机会,使得传统体育文化得以焕发新的活力。随着体育项目参与人数的逐步扩大,我们有望目睹民俗体育项目在全国范围内蓬勃发展,为我国传统文化的传承与发展贡献更为显著的力量。可以预见,全民健身计划将为民俗体育的复兴带来新的机遇,助力我国体育事业蓬勃发展,为全体国民的身体健康和文化自信注入强大的动力。

二、全民健身与民俗体育融合的积极作用

(一)丰富全民健身的活动内容,提升民族凝聚力

强身健体、休闲娱乐是民众日常生活中的重要内容,这些活动的开展可为地区经济发展产生有力驱动。作为民俗文化载体的民俗体育,在社会经济发展、教育文化宣传各个方面均会起到一定的促进作用。在民众生活质量提升的同时,休闲娱乐方面的需求不断提高,一些地区的民俗体育形成了显著的地域特征,赋予了地区体育文化鲜明的特色。作为历史发展演进过程中逐步形成与发展的民俗体育,在全民健身中的融合发展,可利用其形式新颖、内容丰富的优势吸引民众,能够增强民众参与健身的积极性,能够进一步拓展全民健身的活动内容,可使民众在健身过程中获得更好的体验感受,有利于增强民众的生活幸福感。与此同时,民俗体育逐步发展的过程中,可带来一定的经济及商业价值,能够推动地区旅游产业发展,形成独特的教育资源,为地区经济发展产生有力驱动。

(二)驱动全民健身活动的顺畅开展,增强民族发展

作为民族性突出的民俗体育,同时兼具文化性、传统性等其他特征,并且不同地域条件下所形成的民俗体育活动差异极为显著,因而民俗体育还具

备鲜明的地域性特征。新时代背景下，我国民众的健身意识逐步增强，在强身健体方面的关注度持续增长。在趋向于老龄化发展的当今时代，全民健身成为提升国民素质的重要路径，而民俗体育的发展则能为全民健身的实现提供有力支持。

民俗体育诞生于民间，与民众日常生活存在极为紧密的联系。推行民俗体育，更能提升民众对此种相对熟悉的体育运动项目的接纳度，并可通过内容丰富、种类多元、具有趣味性的民俗体育活动开展，帮助民众提升身体素质，推动其生活工作的高效开展，这可为社会秩序的稳定发展奠定稳固的基础。民众身体素质得到提升之后，具有了经济创造的条件，同时也可减少疾病发生率，可降低求医治病方面所投入的成本，并能缓解国家医疗救助的工作压力，能为国家经济发展、社会建设产生积极的推动作用。

民俗体育的开展还可为全民健身活动的开展产生有力驱动，可使全民健身计划的落实更加顺畅，能够增强全民健身的特色，通过多元化民俗体育活动开展，夯实民族融洽发展、社会稳定建设的根基。

第三节　全民健身与民俗体育文化的互动策略

一、完善民俗体育组织

民俗体育的传承与发展需要有专业化的民俗体育组织负责规划与执行，并且全民健身中民俗体育的深度融合，也要发挥出民俗体育组织的驱动作用。因此，在融合发展背景下，首要工作是建立与完善现有的民俗体育组织。

民俗体育组织主要有三种常见类型，一是民俗体育事业单位，二是民俗体育企业，三是民俗体育社团。在社会发展变迁的过程中，这些民俗体育组织不断发展壮大，然而由于部分民俗体育组织机构具备相对复杂的从属关系，未能获取政府部门授予的合法性资质，由于这一原因导致我国民俗体育组织机构未能完善性建立。

在全民健身中融合民俗体育时，需要发挥出政府部门的职能作用，为民间体育组织的建立与发展给予充足的政策支持，应推动管办分离政策，采取放管相结合的措施，赋予符合要求的民俗体育组织合法的身份，合理划分其在民俗体育发展推动方面的职责义务。通过政策环境优化，提升民间体育组织建立的积极性，加快民间体育组织建设与完善的进程。在民俗体育组织完善建设的基础上，能够进一步优化体育活动服务效果，为全民健身活动开展提供运作主体，推进全民健身计划实施，进而实现民俗体育文化的广泛宣传与有效弘扬。

二、配备民俗体育健身设施

全民健身活动的全面化、深入性开展,要以配备齐全、科学适用的体育设施作为重要物质基础。自全民健身计划推出以来,国家加大了对公共体育设施建设的扶持力度,给予了充足的资金支持,提升了公共体育设施的总体数量,扩大了公共体育设施投放场地的覆盖范围,使民众有更多机会、充足场地开展体育健身活动。然而,由于民俗体育项目运动形式与普通体育项目存在差异,民俗体育项目开展中需要应用到的运动器材较为特殊,并且运动场地的设施要求也与普通体育项目有所区别,如需要使用陀螺、高脚马等小众性健身器材等。而且不同地区的民俗文化各不相同,适合的民俗体育项目也并不一致,不可能所有地区的体育健身设施、场所建设均按照统一标准执行。

三、组织多元化民俗体育健身活动

民俗体育具备多种不同的项目类型,同时民俗文化也具备多元的形式,许多地区在重大节日期间所组织的节庆活动,是较为典型的民俗体育活动开展形式。例如,端午节的赛龙舟、元宵节的高跷、春节的舞狮等。在社会发展、城镇化建设的过程中,一些民俗体育的发展陷入了困境,加之世界各国文化在我国的交融,导致民俗文化受到了冲击。一些民俗体育项目的传承面临后继无人的困境,也有部分民俗体育与城市生活不相契合,因而逐步没落。

为此,国家需要进一步加大非遗保护力度,与此同时,还要在全民健身计划推行中加大民俗体育项目比重,对不契合现代社会发展的民俗体育活动进行更新优化,使之能够更加符合现代人的审美标准,更加适合城市活动环境,在保留传统民俗体育项目优势特征的基础上,对民俗体育运动的形式、方式进行适度调整,以此提升民众对民俗体育项目的接纳度,提升其参与民俗体育健身的积极性，为民俗体育传承发展提供全新的土壤。需要对流传于民间的民俗体育活动进行深入挖掘，组织高频次、多种类的民俗体育活动，在实践中推动民俗体育项目创新发展，并为民众健身提供更加丰富的形式与充足的机会，以便实现全民健身发展、民俗体育传承的双重目标。

四、扶持民俗体育健身赛事的开展

新时代背景下，国家逐步调整了政府职能，推出了取消商业性比赛或群众性比赛的政策，为我国体育运动赛事的开展产生了极大的驱动，全国范围内各类体育赛事不断举行，加快了全民健身活动的开展进程。为实现全民健身中民俗体育的有效融合，需要利用好这一政策契机，积极组织民俗体育运动项目相关赛事。应对观赏型比赛、竞赛型比赛的开展经验进行吸收与借鉴，结合民俗体育项目特征，合理设计赛事开展规划。

不同的民俗体育项目特征不一，参与人员数量、开展规模均不一致。因此，地方政府需要联合民俗体育协会，或是与专业性的赛事举办机构合作，共同筛选出契合全民健身计划的民俗体育运动项目，并为此类民俗体育健身赛事的落实提供充足的政策支持与资源扶助。例如，可为民俗体育赛事的举办提供场地，或是为民俗体育运动赛事的举办提供相应补贴等。还要全力支持赛事的宣传推广，增强民众对民俗体育赛事的了解度，激发出民众参与民俗体育健身赛事的积极性与自主性，使民众在参赛过程中获得良好的体验，深入了解民俗体育中所蕴含民俗文化的内涵，从而激发群众学习、了解民俗体育运动的意识，在民俗体育项目发展的基础上推动全民健身的有效落实。

第六章　民俗体育文化的数字化保护与可持续发展

第一节　民俗体育文化遗产的数字化保护
——以赣南客家为例

一、利用数字化技术丰富数字化建档方式

在数字化媒体环境下，新时代要求对赣南客家文化遗产进行开发、保护、传承的过程中，必须充分利用当代新兴数字技术手段。需要进行有效的信息收集、存储、处理，并采用数据库、视频、图片、三维动画等形式进行显示和传播赣南客家民俗体育文化遗产。通过数字化转换、再现和复原，实现其在数字化形态下的共享。

对赣南客家民俗体育文化遗产进行数字化存储，并进行有效的开发和利用是至关重要的。建立数字化档案资料时，必须遵循系统性、开放性和完整性的原则。通过现代数字化手段，将赣南客家民俗体育文化遗产的各种资料，包括运动形态、影像、书稿、图片、手稿、传承人资料等，进行数字化存储，以确保其有效的保存和开发效果，提高赣南客家民俗体育文化遗产在保护、

开发、利用和传承方面的数字化水平。通过数字化技术的运用，丰富数字化建档手段，构建赣南客家民俗体育文化遗产的数字化体系。这样可以有效而完整地进行系统开发、利用与保护赣南客家民俗体育文化遗产的文化生态资源。通过数字化的手段推动赣南客家文化遗产的传承，进一步提升其在当代社会中的影响力。

二、明确数字化文化遗产保护规范

随着社会的不断发展，我国对文化遗产保护的需求日益凸显，因此相应的法律法规也应运而生。《中华人民共和国文物法》和《中华人民共和国非物质文化遗产法》等一系列法规的出台，为我国的文化遗产保护提供了法律依据和制度保障。这些法规明确了文化遗产的重要性，强调了保护工作的紧迫性和必要性，并指出数字化、信息化是有效保护手段之一。

为了进一步加强对文化遗产的保护，特别是针对赣南客家民俗体育文化遗产的保护，相关部门开始加强规范与指导。重点是将这些丰富多彩的文化遗产进行数字化保护，以确保其在数字时代的传承与发展。在这一进程中，制定了一系列指导性标准，涵盖了数字化信息采集、资源库建设以及数字化规范等方面。这些标准的制定不仅有助于规范保护工作的开展，还为相关机构和个人提供了明确的操作指南。其中，统一的标准更是至关重要。这不仅可以引导各地区在文化遗产保护工作中保持一致的步伐和标准，还能够满足实践需求，提高保护工作的效率和水平。通过统一标准的制定和执行，可以实现文化遗产保护工作的协同发展，确保这些宝贵的文化遗产得到最好的保护和传承。

三、培养和加强复合型人才队伍建设

为满足国家与社会发展的需求，需要培养符合赣南客家文化遗产数字化保护、开发、利用与传承需求的交叉复合型人才。对于赣南客家体育文化遗产数字化保护、开发、利用与传承，需要专业化人才熟悉文化遗产保护、开发与传承知识，同时还需要综合性复合型人才懂得现代化数字化技术。赣南客家体育文化遗产数字化保护对人才的需求是综合性的，需要在文化产业管理、艺术保护传承和数字化技术等多方面具备复合需求的人才。因此，应培养既精通文化产业管理、文化艺术创作、数字化媒体技术、文化产业传承人等知识的专业人才，也培养懂得文化产业和数字化媒体技术的综合性复合型人才，既具备理论知识又有实践经验。

首先，做好赣南客家体育文化遗产数字化保护、开发、传承与利用方面各类人才的培养工作。各级相关部门要组织宣传工作，全方位宣传、政府部门扶持，做好赣南客家文化遗产保护方面的各类人才培养，提高全民族对赣南客家体育文化的热爱。建立文化产业传承人制度，实施以老带新，保障后续文化产业的传承。定期召开经验交流座谈会，拓宽各类人才的视野。有计划、有组织地安排赣南客家体育文化遗产保护、开发、利用与传承方面人才参加培训项目，使文化产业的各类人才能够不断学习数字化技术和文化保护方面的新知识、新方法与新技术。

其次，加强政府职能部门与高校的合作，联合培养社会所需的赣南客家体育文化遗产数字化保护、开发、利用与传承方面的各类人才。通过订单培养，学生入学后就明确培养目标，建立高校与地方政府的联系，培养社会所需人才。引导高校开设文化产业相关专业，提供实践和实习机会。建立实习基地、人才培养基地和赣南客家体育文化遗产保护实验室，更好地培养专业人才。

四、利用现代化技术，开发有特色的数字化产品

赣南客家民俗体育文化遗产数字化平台的开发与保护有助于人们更全面地了解和认识赣南客家文化遗产，为社会培养参与赣南客家文化遗产保护的文化自觉意识和主动性提供有效支持。

第一，设立专门的赣南客家民俗体育文化遗产保护门户网站。创建赣南客家民俗体育文化遗产保护网，作为展示赣南客家民俗体育文化的平台，实现相关信息的共享与交流。通过多类栏目展示，包括民俗体育项目、保护载体、客家体育图片、传承人故事、体育旅游、专家观点等，全面呈现赣南客家民俗体育的特色魅力。

第二，创建赣南客家民俗体育 VR 体验馆。借鉴其他城市的成功经验，利用现代技术手段，通过实地调研采集相关史料、图片、音像、视频等，运用 360 度全景 VR 技术制作，展示赣南客家民俗体育文化遗产项目。通过移动端和 VR 眼镜等设备，使广大群众、游客随时随地体验赣南客家民俗体育文化的魅力。

第三，构建赣南客家体育文化遗产多重资源网络平台，打造互动新平台和数据库资源平台。建立政府统一规划的文化遗产保护平台，适应时代发展社会需求，展示赣南客家体育文化遗产数字化保护的多样资源。

五、扩大对外客家文化全球化影响力

积极倡导将赣南客家民俗体育文化传播至国际舞台，提升客家文化产业在国际上的影响力，向世界传递中国传统体育文化与民俗风情。注重挖掘和传承优秀的赣南客家民俗体育项目，包括跳绳、跳皮筋、踩高跷、登山（爬山）、跳房子、跑风车、打石头仗、打水漂、弹弓、打沙包、划龙舟、游泳（嬉水）、

划木筏、舞龙、舞狮、扭秧歌、竹篙、火龙、九狮拜象、武术、箍腰跤、拔河、斗鸡、扳手腕、扁担顶力、踢毽子、打陀螺、荡秋千、滚铁环、爬竿、骑竹马、打牢钱、放孔明灯、骑马打仗、孵蛇蛋、攻城、老鹰捉小鸡、打石子、抓子儿、挑棍儿、翻绳、手腕解脱、吹气球比赛、打手背、六子棋、鸡婆棋和打纸板儿。这些丰富的赣南客家民俗体育项目,通过数字化建设,有望实现走向国际,面向全球,使中国赣南客家民俗项目得以传承并发扬光大,提升客家文化在全球的国际影响力。通过赣南客家民俗体育方面的网络设计大赛、数字化应用综合赛事以及学术交流等,加强赣南客家民俗体育文化数字化方面的国际交流,发挥赣南客家体育在不同国家和民众之间的互通互动作用。

六、强化民俗体育文化遗产数字化保护的智力支持

地方政府应强化对赣南客家民俗文化遗产数字化保护的智力支持。

首先,依托科研院所和高校,建立文化遗产数字化保护实验室平台、科普基地、哲学社会科学重点研究基地或智库,积极鼓励科研工作者提交赣南客家民俗体育文化遗产数字化项目,确保项目取得成果的有效方式和方法。

其次,加强赣南客家文化遗产数字化保护的国际合作与交流工作。创建公众参与度高的国际交流模式,强化"互联网+"与软件研发中的中外技术协同,促进双方在互联网技术领域的合作与发展。赣州市政府进一步提升对赣南客家体育文化管理部门干部与工作人员的培训力度,组织赣南客家民俗体育文化能力培训班。支持和激励各地体育局举办各层级体育文化工作培训班。加大对全国体育系统的支持,鼓励加强与提高赣南客家民俗体育文化遗产数字化方面的理论研究与实践探索。通过与高校深入合作等模式,以赣南师范大学为依托,成立赣南客家民俗体育文化研究中心,推动体育文化理论研究,为赣南客家民俗体育文化遗产数字化工作提供学术支持与理论指导。

七、构建体育文化遗产基因信息库与平台

第一，进行基层调研，科学论证和提炼，提取赣南客家民俗体育文化遗产中可永久传承的民族精神文化遗产基因信息。同时，对其进行科学、客观的评估与分类，包括赣南客家民俗体育文化遗产的史料、地域属性、时代特点等河洛民族文化基因，以及后期衍生的赣南客家民俗体育文化，以更好地确保赣南客家民俗体育文化基因的正确传播与传承。

第二，利用当代数字化技术手段对赣南客家体育文化遗产进行模式识别和人工智能等处理，建立赣南客家民俗体育文化遗产基因库。

第三，根据赣南客家民俗体育文化特征、运动形态、史料整理、图片图形等创建一种具有高效检索功能的数据资料库。

第四，扩大中国赣南客家民俗体育文化遗产相关博览会等品牌活动的展示平台，进一步扩大赣南客家体育文化博览会、旅游博览会的全球影响力。同时，鼓励各方力量创办各类主题的赣南客家民俗体育文化陈列和展览，促进赣南客家发展，并在现代文化产业中展现赣南客家民俗体育的生命力与积极作用。

第二节　民俗体育文化可持续发展的原则与路径

一、民俗体育文化可持续发展的基本原则

（一）遵循文化认知、认同原则

文化认同是个体在社会心理过程中对所属文化及文化群体的内化与归属感的体现，从而获取、保持与创新个体文化的心理状态。社会价值规范认同、风俗习惯认同、艺术认同等构成文化认同的要素，而体育文化认同则是其中的一部分。在实施民俗体育文化发展战略之前，认知是至关重要的前提。通过家庭、学校和社会环境的影响，人们对民俗文化符号体系的认知和感应得以培养，从而形成特定的习惯。如果对民俗文化的形态、内容、功能和特征缺乏清晰的认识，将难以就民俗文化与现代文化的选择做出合理的判断。民俗文化的认知与认同能够将人们聚合在一个群体中，增强其亲近感。而认同感的形成则在伦理观念和价值观念相同的文化背景下得以塑造。一些民间的民俗体育活动在本群体或本民族内部起到了认同的作用，并促使群体成员之间产生亲近感。以湖北秭归每年举行的龙舟竞渡活动为例，这是直接体现民族认同感的一种方式，为了祭屈原而举行的活动使人们更加紧密地团结在一起。

（二）坚持以人为本原则

人是社会的核心，而对于民俗体育文化的保护与发展，最终的主体同样是人。实现民族民俗体育活动的展开和文化传承依赖于人民群众的共同努力，只有人民群众才能真正享受到民族体育文化遗产这一天然资源。参与活动的个体、文化传承者以及文化创作者，他们的生活需求都会对民俗体育的演进产生影响。因此，在拓展民族民俗体育文化方面，应以群众为出发点，秉承以人为本的理念，协调文化、经济、教育等各个方面的关系，着力支持和保护传承者，培育接班人，适度注重经济效益，引导并激励参与者，给予适当的物质经济利益，从而激发他们的兴趣。通过这种方式，可以推动人才培养和民俗体育文化的同步发展。

（三）坚持传承和融合原则

民俗体育文化的传承性体现了垂直层面上的联系，是后人对前人创造的成果进行吸收和推进的过程。而民俗体育文化的融合性则展现了水平层面上的文化交流。中国体育文化的演变显示，拥有丰富历史和文化内涵的民俗体育是中华民族智慧的结晶，也是广泛吸收世界各族体育文化的结果。湖北的民俗体育文化在传承自身民族风格的同时，还应该积极吸纳其他民族的优秀文化，即进行"优化"和对外来文化进行"涵化"。从某种程度上说，这是民俗体育发展和进步的必要条件。因此，继承荆楚文化中有益且优秀的元素，将其与其他民族的卓越文化融合，是湖北民俗体育可持续发展的重要选择。

二、民俗体育文化可持续发展的标准化建设

（一）强化体育文化教育，形成文化自觉

体育与教育相互关联，教育与文化息息相关，而文化意识的塑造则依赖于教育实践。作为教育的一支，体育要真正实现"文化自觉"，首先需摆脱长期受制于西方竞技体育模式的约束，认识到民族、民间传统体育的多功能性、民族性、实用性，以及民族民间传统体育进入学校的重要性和必要性；其次必须解放思想，打破传统的学校体育观念，让一些民间民俗体育项目纳入学校体育，以丰富学校体育的内容，走向民间民俗体育校本化之路。

通过学校体育文化教育，培养青少年一代对民族文化的认同感和自尊心，努力培养年轻的民族体育文化接班人。目前，许多学校已将民俗体育运动项目纳入体育教学内容，如土家族自治区的一些中小学将巴山舞、夹包、珍珠球、踢毽、滚铁环等列入教学并组织比赛，选拔优秀队员参加全国比赛并取得良好成绩。这种文化意识的传播和教育是形成文化自觉的有效途径，只有通过意识上的培养和教育，才能使民俗体育得以长久传承。

（二）打造民俗体育品牌，走大众化道路

我国拥有丰富的民族传统体育文化项目资源，但对一些传统项目的精心打造却存在不足，如五禽戏、龙舟竞渡、中国式摔跤、拔河等。在打造传统民族体育项目精品时，需要在结合时代特点进行创新的同时，保持其"民族特色"。因为那些富有民族特色的项目在对外文化输出时常常表现出最强生命力。建立民俗体育品牌有助于扩大民俗体育的知名度，并弘扬地方优秀文化。比如湖北武当武术文化节、秭归赛龙舟、土家族巴山舞等知名传统民俗体育品牌。品牌的打造和包装的目的在于吸引更多人的参与。而大众的积极参与

不仅仅是为了健身、娱乐、休闲，更重要的是一种文化的传承和民族精神的培养。因此，在民俗体育项目的设置、组织形式、组织人员等方面需要进行改进和简化，以适应更广泛的参与，使其变得平民化、简单化、大众化。

（三）促进文化和经济"联姻"式发展

文化经济"联姻"式发展成为当今世界经济文化发展的重要特征和趋势。文化担当着重要的社会整合功能与作用，其与社会的稳定发展有着密切的关系。在健康、娱乐、审美的社会活动中，体育文化的需求是人们生活中的一种重要需求内容，而体育文化的开发将成为一种有效经济资源的开发。"体育搭台，经贸唱戏"是一条很值得借鉴的经验，目前全国各省市都热衷于这一经验，河南嵩山少林武术就是很好的典范。通过组织国际体育竞赛与交流活动，把民俗体育项目推向世界。过去只限于狭小地域空间中开展的民俗体育项目，也正是在世界体育文化交汇的大潮中，不断交流传播，而推广到世界体坛的。因此，应将民俗体育文化资源开发与旅游事业发展以及地区经济特点相结合，在条件成熟的情况下结合当地民俗文化特征，创新和开发民俗体育，强化民众体育文化生活的参与意识，举办有特色的民俗体育节，吸引更多的人旅游观光扩大地区特色经济对外的广告效应，吸引国内外投资，加快地方经济建设。

结束语

民俗体育文化既是一个国家或地区历史传承的见证，又是人们日常生活中不可或缺的一部分。通过对其进行全面而深刻的研究，我们能够看到民俗体育文化在当代社会中的重要地位，以及它与可持续发展之间的密切联系。

首先，民俗体育文化作为一种传统文化的代表，承载着人们对祖先智慧和勇气的崇敬，是文化传承的载体。这不仅是对历史的尊重，更是对过去经验的汲取与借鉴。通过传承与弘扬民俗体育文化，我们能够激发人们对文化根源的热爱，形成文化认同感，加深社会凝聚力，从而为社会的稳定与发展打下坚实基础。

其次，民俗体育文化的可持续发展与社会的全面进步息息相关。在现代社会，随着城市化和科技的飞速发展，人们的生活方式发生了巨大的变化。在这个变革的时代，我们更加需要民俗体育文化这一传统元素来保持人与自然、人与社会的和谐关系。通过开展民俗体育活动，人们能够更好地融入社区，加深人际关系，缓解社会压力，从而促进可持续社会的构建。

参考文献

[1] 杨昆普. 论后现代主义思潮下民俗体育文化的传承与发展[J]. 成都体育学院学报, 2014, 40（4）: 39-41.

[2] 徐琳. 论我国民俗体育的地域文化特征与发展[J]. 成都体育学院学报, 2009, 35（5）: 34-36.

[3] 刘朝猛, 吴懿姿, 蒙军. 文化生态学视阈下广西民俗体育文化发展研究[J]. 广西社会科学, 2017（5）: 34-37.

[4] 林顺治. 从体育强国视角论中国民俗体育文化的发展[J]. 山东体育学院学报, 2010, 26（3）: 28-33.

[5] 饶永辉, 郎勇春, 李伟艳. 新语境下的民俗体育文化发展[J]. 江西师范大学学报（哲学社会科学版）, 2010, 43（6）: 101-106.

[6] 王敬浩, 刘朝猛, 胡冠佩. 广西民俗体育的可持续发展与特色文化建设[J]. 山东体育学院学报, 2009, 25（2）: 16-19.

[7] 王程. 试论民俗体育文化产业化的发展[J]. 社会科学家, 2011（12）: 84-86.

[8] 刘建敏, 陈学梅, 王建忠. 新农村建设背景下民俗体育文化发展探讨[J]. 农业考古, 2011（3）: 406-408.

[9] 张建, 张艳. 民俗体育文化在我国体育强国进程中的发展必要性[J]. 四川戏剧, 2018（12）: 53-56.

[10] 王俊奇,刘国华.论江西民俗体育文化的特点及其现代发展[J].山东体育学院学报,2004,20(2):31-33.

[11] 尹国昌,涂传飞,钞群英.当前我国民俗体育文化发展存在的问题及其对策[J].南昌大学学报(人文社会科学版),2007,38(5):139-142,155.

[12] 刘波.地域文化对民俗体育发展的影响探究[J].中学地理教学参考,2022(8)5.

[13] 金涛,卢玉,余涛.徽州民俗体育文化形成与发展的社会学阐释[J].沈阳体育学院学报,2014,33(3):140-144.

[14] 芦鹏,樊罡.基于现代化信息技术的民俗体育文化保护问题研究[J].文体用品与科技,2023,14(14):194-196.

[15] 王裕临.村落民俗体育文化考略[J].农业考古,2010(3):333-335.

[16] 王家忠,沈世培.我国民俗体育文化变迁研究[J].安徽师范大学学报(自然科学版),2020,43(6):599-602.

[17] 于国强.民俗体育文化传承与发展的困境研究[J].文体用品与科技,2022,8(8):1-3.

[18] 高茂章,倪宏竹.民俗体育文化功能探析[J].运动精品,2022,41(6):64-66.

[19] 官钟威,李红梅.论民俗体育文化[J].体育成人教育学刊,2006,22(1):10-11.

[20] 马庆,段全伟.舞龙运动文化符号学剖析研究[J].北京体育大学学报,2016,39(3):42-46.

[21] 刘从梅.民俗体育与民俗体育文化[M].南昌:江西高校出版社,2019.

[22] 姚瑶.全民健身发展中民俗体育融合对策概述[J].文体用品与科技，2023（5）：7.

[23] 郭大勇.普通高校开发民俗体育课程资源的深入思考[J].运动，2018（1）：107.

[24] 朱大清.对高校开设民俗体育课程的思考[J].新西部（理论版），2016（21）：159.

[25] 张钦.校园体育活动融入民俗体育分析[J].文体用品与科技，2015（18）：32.

[26] 侯光定，王春顺，史文文，等.新时代全民健身公共服务高质量发展的理论逻辑、实践困囿与治理路径[J].湖南工程学院学报（社会科学版），2023，33（4）：99-106.

[27] 田彦杰，徐诗枫.全民健身助力全民健康融合发展的路径探讨[J].健康教育与健康促进，2023，18（5）：545-547.

[28] 郑星，杜春燕.民俗体育与全民健身的融合发展策略[J].文体用品与科技，2023（13）：19-21.

[29] 柯海宝，黄艳军.关于民俗体育与全民健身融合发展策略研究[J].科技资讯，2021，19（3）：225-227.

[30] 谢士玺，彭响，雷军蓉.民俗体育与全民健身融合发展策略研究[J].河北体育学院学报，2018，32（6）：82-86.

[31] 杨学达.健康中国视域下地域民俗体育与全民健身融合与发展研究[J].延安大学学报（自然科学版），2017，36（3）：96-99.

[32] 李海燕，刘松，李传奇.高校体育课程建设中民俗体育资源的开发与利用[J].南京工程学院学报（社会科学版），2016，16（2）：69-71.